社会企业在心智障碍者就业促进中的行动逻辑研究

贺庆生◎著

中国经济出版社
CHINA ECONOMIC PUBLISHING HOUSE
北京

图书在版编目（CIP）数据

社会企业在心智障碍者就业促进中的行动逻辑研究 / 贺庆生著 .-- 北京：中国经济出版社，2021.7

ISBN 978-7-5136-6511-7

Ⅰ . ①社… Ⅱ . ①贺… Ⅲ . ①智力落后 – 残疾人 – 就业 – 企业责任 – 研究 – 中国 Ⅳ . ① D669.69

中国版本图书馆 CIP 数据核字（2021）第 125889 号

责任编辑 张 户
责任印刷 巢新强
封面设计 久品轩

出版发行 中国经济出版社
印 刷 者 北京九州迅驰传媒文化有限公司
经 销 者 各地新华书店
开 本 710mm × 1000mm 1/16
印 张 11.25
字 数 200 千字
版 次 2021 年 7 月第 1 版
印 次 2021 年 7 月第 1 次
定 价 88.00 元
广告经营许可证 京西工商广字第 8179 号

中国经济出版社 **网址** www.economyph.com **社址** 北京市东城区安定门外大街 58 号 **邮编** 100011
本版图书如存在印装质量问题，请与本社销售中心联系调换（联系电话：010–57512564）

项目成果

本书获得以下机构及项目联合资助

1.郑州轻工业大学社会发展研究中心；

2.河南省哲学社会科学规划项目（项目编号：2018CSH022）；

3.河南省高等学校重点科研项目（项目编号：19A880042）；

4.河南省高校哲学社会科学创新团队（项目编号：2017-CXTD-09）。

前言 FOREWORD

解决心智障碍者等特殊群体的就业问题不仅是解决个体生计、生存问题，而且彰显了社会对个体生命价值和尊严的尊重，是我国全面建成小康社会和人民共享发展成果的重要体现。我国目前对心智障碍者就业模式的探讨是包含于整个残疾人就业促进服务体系中的，随着我国由计划经济体制向市场经济体制转型以及社会管理体制改革的逐步深入，我国残疾人就业促进主体由单一政府逐步转向政府和社会力量之间的多元协同和共同推动。其中，社会企业作为一种新型的组织形式被吸纳，并在逐步本土化中初步展现了促进心智障碍者就业的适切性和可行性。

社会企业是一种创新型的组织形式，兼具社会使命和经济使命双重目标，它致力于通过商业手段解决社会问题，既不同于传统意义上的公益慈善组织，也与一般性的商业企业有着本质不同，非营利性、民间性、商业化运作和民主性是其典型特征。但由于社会企业在中国的发展还处于起步阶段，其在促进心智障碍者就业方面的重要作用尚未得到足够的关注和重视，因此，现有研究还缺乏对其行为过程的系统审视和分析探讨。

本书旨在回答一个核心问题：作为就业促进主体之一，社会企业在参与心智障碍者就业促进中的行动逻辑是什么？围绕该问题，本书尝试构建一个行动逻辑分析框架，重点对社会企业在促进心智障碍者就业中的行为情境、行动过程和行为优化等问题进行分析探讨。本书的研究思路和框架安排如下。

第一章是绪论。本部分详细阐述了本书的研究背景、研究目的、研究意义、研究结构、研究方法以及理论基础等，是对全书的概括性介绍。

第二章是概念界定与国内外相关研究综述。本部分系统梳理了国内外学者关于社会企业、心智障碍者以及社会企业家精神的定义，并对其在本书的运用边界进行厘定和廓清；详细回顾国内外围绕本书研究主题的相关研究成果和法规政策，为本书后续章节的研究奠定基础。

第三章是对社会企业促进心智障碍者就业的行为情境研究。本部分重点对我国心智障碍者就业的现实困境、社会企业促进心智障碍者就业的比较优势和空间需求进行探讨。

第四章、第五章是对社会企业促进心智障碍者就业的行动过程研究。本部分以目的驱动为导向，分别通过构建社会企业创业机制分析框架和合法性获取分析框架，详细研究分析在心智障碍者就业促进行为中，社会企业如何进行行为策略选择，以及面临哪些行为困境。

第六章是对社会企业促进心智障碍者就业的行为优化研究。本部分在对我国残疾人就业促进和服务发展趋势进行研判的基础上，借鉴社会企业促进心智障碍者就业的成功经验，重新思考社会企业促进心智障碍者就业的角色定位和优化措施。

第七章是结论与讨论。本部分对全书各章节的具体研究结论进行全面总结，并对本书研究的创新之处、存在不足以及后续研究建议进行探讨。

由于目前我国心智障碍者就业领域中社会企业的数量不多且发展水平参差不齐，在对其发展现状进行总体了解的基础上，本书选取了两个比较具有典型性的样本案例进行分析和研究。同时，本书进行了探索性研究，通过对我国当前社会企业在心智障碍者就业促进中的行动逻辑进行系统性描述和分析，为进一步完善我国心智障碍者就业促进体系和推动本土社会企业生存发展提供经验借鉴和政策参考。

目录

CONTENTS

第一章 绪 论

第二章 概念界定与国内外相关研究综述

第三章 社会企业促进心智障碍者就业的行为情境

第四章　创业：社会企业促进心智障碍者就业的行为选择

第五章　合法性：社会企业促进心智障碍者就业的行为策略

第六章 社会企业促进心智障碍者就业的行为优化

第七章　结论与讨论

第一章

绪 论

第一节 研究背景、研究问题及研究目的和意义

一、研究背景

心智障碍者是一个特殊的弱势群体，目前我国心智障碍者的群体数量尚没有准确的统计数字。根据第二次全国残疾人抽样调查数据推算，我国现有各类残疾人 8296 万人，有残疾人的家庭户规模平均为 3.51 人。其中，智力残疾人数为 554 万人，精神残疾人数为 614 万人。在 1352 万多重残疾人中，还有约 430 万人伴有智力残疾，212 万人伴有精神残疾[①]。2021 年 3 月，中国好公益平台与北京市晓更助残基金会联合主办的“疫情下心智障碍者就业服务：现状、挑战与未来”研讨会上公布的一组数据显示：心智障碍者占中国总人口的 1.5%，约 2000 万人。心智障碍

① 数据来源:《2006 年第二次全国残疾人抽样调查主要数据公报（第一号）》；陈新．第二次全国残疾人抽样调查数据［J］．中国生育健康杂志，2008，19（2）：68。

者主要包括智力障碍者和精神障碍者。粗略估算，心智障碍者涉及的家庭人口约为6000万人。这意味着，在我国每不到80人中就有1个心智障碍者。由此可见，心智障碍者在我国残疾人群体中占有相当大的比例。由于心智障碍者在情绪认知及个性行为特征等方面存在一定的障碍和缺陷，致使其生活独立性较差、社会依赖性较强、社会融入性较弱以及社会接纳度较低，其在生活康复、就业培训和社会保障等方面较正常人甚至其他类残疾人面临更大的困难，其所在家庭更是承受了物质和精神等方面的多重压力，是我国残疾人群体中较为特殊的弱势群体，同时也是我国贫困群体的主要组成部分之一。

在心智障碍者面临的诸多问题中，就业问题尤为突出。解决好心智障碍者的就业问题，既是解决好心智障碍者其他问题的关键，也是保障心智障碍者劳动就业权，促进其回归社会、共享经济社会发展成果的有效途径之一。然而，根据第二次全国残疾人抽样调查数据，我国残疾人就业率不足40%，心智障碍者的就业率更低，其平均就业率不足10%。[①]虽然西方国家心智障碍者的就业率通常低于其他残疾人群，但在一些就业环境比较成熟的国家，其心智障碍者的就业率略高，如德国心智障碍者的就业率约为30%。[②]一份来自民间机构的调研数据显示，在心智障碍者家庭就业意愿方面，虽然有61%家庭的监护人强烈希望心智障碍者能够工作，而且53%的心智障碍者本人也很希望获得一份工作，但目前只有4%的心智障碍者在普通雇佣单位就业，即使曾经在普通雇佣单位

---

① 数据来源：心智障碍者就业率不足10%，探索支持性就业模式[EB/OL].中国网，http://news.china.com.cn/2014-08/20/content_33291934.htm.

② 数据来源：中国2000万心智障碍者真实就业率仅2%，能否打开职场大门?[EB/OL].财新网，https://www.caixin.com/2021-03-30/101682265.html.

就业的人群比例也只有 13%。[1] 对于很大一部分心智障碍者来说，即使其接受了特殊教育，也无法在成年后融入社会，只能待在家里接受父母或其他亲人的照顾，长期的居家生活也不利于其康复。

心智障碍者是残疾人中较为特殊的社会群体，我们党和政府历来十分重视对残疾人乃至心智障碍者的劳动就业权益保护工作。《中华人民共和国宪法》第四十五条明确规定:“国家和社会帮助安排盲、聋、哑和其他有残疾的公民的劳动、生活和教育。”此外，政府及相关组织还陆续制定和出台了《中华人民共和国残疾人保障法》《关于进一步做好残疾人劳动就业工作的若干意见》《中国残疾人联合会关于进一步做好智力残疾人工作的意见》《中华人民共和国就业促进法》《残疾人就业条例》《中国残疾人联合会、国家发展和改革委员会、民政部等关于发展残疾人辅助性就业的意见》《国务院关于加快推进残疾人小康进程的意见》等专门和涉及包括心智障碍者在内的残疾人就业的相关法律、法规和政策文件。此外，政府及相关组织还制定出台了《国家税务局关于民政部门举办的社会福利生产单位征免税问题的通知》《社会福利企业招用残疾职工的暂行规定》《残疾人就业保障金管理暂行规定》《财政部、国家税务总局关于促进残疾人就业税收优惠政策的通知》等一系列优惠措施，充分体现了党和政府对残疾人就业保障问题的重视。在上述促进残疾人就业法律、法规和政策文件的指引下，我国的残疾人就业形式主要有集中就业、按比例就业、公益岗位就业及自主创业等。不可否认的是，这些就业形式在我国探索残疾人就业过程中发挥了重要作用。但在经济社会转型的大背景下，受多重因素影响，我国残疾人尤其是心智障碍者就业仍面临很大的困境。

---

① 数据来源:《广州市 2019 成年心智障碍人士就业状况和需求调研报告》。

近年来，在“正常化”理念的催生下，我国心智障碍者服务“去机构化”和“社会融合”发展逐渐成为一种趋势，政府部门和民间社会也开始了推动心智障碍者就业的有益探索，如2013年初中国残疾人联合会、中国智力残疾人及亲友协会和国际劳工组织合作开展了“成年智障人士支持性就业项目”全国试点工作，2016年8月，国务院印发《“十三五”加快残疾人小康进程规划纲要》，尝试通过借助就业辅导员为心智障碍者提供就业支持，帮助心智障碍者融入企业正常的工作环境。但由于受就业辅导员人力成本较大、相关配套政策支持力度不够以及企业社会责任意识不强等多种因素综合影响，在我国，心智障碍者能够正常进入企业工作仍是一个非常艰难的融合过程。相反，在推动心智障碍者从庇护性就业到支持性就业的探索过程中，作为社会创新重要表现形式的社会企业在日本和中国香港、台湾地区取得了显著成果，并在中国内地（大陆）地区开始了初步探索。

社会企业作为一种解决社会问题的新手段，在其几十年的发展历程中，虽然世界各国对社会企业的概念界定不一，但其以“商业运作”为手段、以“社会价值”为目标的创新模式逐渐被认可和接纳，其理论研究与实践探索在全球范围内飞速发展。从世界范围看，社会企业的持续发展是对社会问题日渐增多、且传统的社会三大部门未能给予充分有效解决的一种理性回应（高传胜，2015）。从社会企业的溯源看，社会企业从发端伊始就是对在工业革命下高失业率引发的大量贫困等系列社会问题的一种回应，其后的蓬勃发展则是与福利国家转型和经济滞胀相伴随的，其形成可以追溯到英国伊丽莎白时代贫民习艺所的设立。可见，社会企业自产生开始就与就业有着千丝万缕的联系。社会企业参与促进心智障碍者就业绝非偶然，而是心智障碍者就业模式转变过程中的必然选择。目前，我国大部分致力于心智障碍者就业的社会企业尚处于起步阶段，人们对其生成和发展缺乏总体性认识，加之社会企业作为一个创新性概念，学术界对其尚未形成完整的理论建构，针对其进行的本土化实践研究更是少之又少。因此，基于我国国情，本书试图以多中心治理理论和资源依赖理论为分析基础，尝试对“社会企业在心智障碍者就业促进中的行动逻辑是什么”这个核心议题做出回答。为回应和探究这一议题，本书构建了一个社会企业促进心智障碍者就业行动逻辑的整体性分析框架，重点对其行动过程进行分析，并引入两个案例进行讨论。本书认为，这种研究和探讨无论是在理论层面还是在实践层面，都具有重要的意义。

二、研究问题

本书的研究对象是社会企业促进心智障碍者就业的行动逻辑。

行动逻辑是一个复合名词，通常情况下看到这一名词很容易使人想起美国著名经济学家曼瑟尔·奥尔森的《集体行动的逻辑》这一经典名著。书中指出，由于个体理性与集体理性之间存在冲突，所以集体行动中的“搭便车”行为广泛存在，这里的“逻辑”多少有理性和规律的意味。本书借鉴这一用法，将行动逻辑视为一种行动的客观规律。我国学者秦亚青（2013）认为，行动逻辑指的是行动的原因机制。贺雪峰（2006）认为，所谓行动逻辑，就是行动所遵循的原则和规律。谢正富（2013）在对行动逻辑进行分解释义和系统梳理后认为，要界定行动逻辑的内涵，就要对行动的主体、行动逻辑的范围和行动逻辑的评价三个方面进行回答。在本书中，行动逻辑的行动主体是社会企业，确切地说是社会企业的创办者，行动逻辑被限定于心智障碍者就业范畴内。此外，这种行动逻辑是在实践层面发生的，是一种抽象的客观真实。因此在本书中，行动逻辑是指在心智障碍者就业领域或范畴内，社会企业为了实现特定目标所采取的一系列客观性、规律性行动。

因此，如果对社会企业促进心智障碍者就业的行动逻辑进行探究，就是尝试对以下问题做出回答：社会企业作为一种新型的组织形式，其促进心智障碍者就业的制度和社会背景是什么？在其促进心智障碍者就业的行动过程中采取了什么行为策略，面临什么问题？针对这些问题有哪些完善措施来推动社会企业促进心智障碍者就业？

社会企业作为兼具社会目的和经济目的的组织形式，再结合本书的研究主题，毋庸置疑，其社会目的是促进心智障碍者就业，这是其行为动机。为了实现社会目的并使其行为具有可持续性，鉴于社会企业的特性，其必须借助市场手段直接参与竞争，并追逐经济目的，这就是社会企业实现社会目的的主要手段和工具。目前社会企业在我国尚不具备合法身份，但社会企业的创新性是其参与市场竞争必不可少的一部分。

因此，本书在研究社会企业促进心智障碍者就业的行动过程中，主要从两个方面进行考察。一是社会企业社会目的的实现是以其组织形式的生成和存在为行为前提的，既然社会企业在我国大部分地区是新生事物，那么是哪些要素条件驱动行为主体选择通过创办这种新型组织形式来促进心智障碍者就业的？二是社会企业社会目的的实现是以经济目的作为主要手段的，那么社会企业的经济目的又是如何实现以及如何维持可持续的？在本书看来，社会企业经济目的的实现过程就是社会企业获取合法性行动策略的选择过程。此外，无论是社会企业的创业还是其合法性获取的行动策略选择，都是社会企业基于对自身和所在环境资源认知所做出的，以便实现目的的最大化。

结合上述理解和分析，本书构建了一个社会企业促进心智障碍者就业的行动逻辑分析框架，该分析框架以心智障碍者就业为切入点、以社会企业为主体、以目的（社会目的和经济目的）驱动为导向、以行动过程为内核、以行为优化为目标，从行为情境、行动过程和行为优化三个方面分析和探讨社会企业促进心智障碍者就业的行动逻辑。其中，行为情境主要指其所涉及的社会环境、制度环境乃至行动主体自身，行动过程分析包括创业（行为选择）行为分析和合法性获取（行为策略）行为分析。

三、研究目的和意义

我国大部分地区探索建立心智障碍者服务体系，虽然滞后于西方发达国家及我国港台地区，但从总体上看也在经历一次历史性变革，即从传统的机构性、照顾型服务模式向“去机构性”、融合型服务模式转变。这次变革从本质上说是对心智障碍者可行能力和参与权利的充分肯定，这种服务理念最直观地体现在推动心智障碍者的就业实践发展方面。可喜的是，我国民间力量在借鉴日本和中国台湾地区先进经验的基础上，已经开始了对心智障碍者就业的实践和探索。社会企业以其独特的价值特征成为参与促进心智障碍者就业的重要形式，但由于在中国大部分地区的实践时间较短，迫切需要对其进行理论指导和对实践特征进行概括反思。因此，本书的理论与实践意义主要体现在以下几个方面。

（一）推动我国社会企业参与就业促进的学理发展

社会企业的起源主要是对贫困和失业的一种直接回应（Sarah Fothergingham 和 Chad Saunders，2014），其在为弱势群体创造就业机会和提供就业岗位方面的作用早已被肯定，但由于社会企业在我国还是一个新生事物，针对特殊困难群体就业类社会企业的研究几乎为零。鉴于此，本书希望通过研究，以心智障碍者就业为问题的切入点，探讨社会企业促进心智障碍者就业的学理依据，对目前社会企业促进心智障碍者就业的行动过程进行全景式分析和解读，进而深化对社会企业参与促进心智障碍者就业的理性认识，形成具有一定解释力和对实践具有指导意义的研究成果。

（二）推动心智障碍者就业路径创新的新探索

一直以来，广大的心智障碍者群体依赖于家庭的照顾，家庭是其社会生活的支柱，家庭生活甚至是其全部的存在与生活的内容（李敬、程为敏，2012）。曾凡林（2006）在对上海市 16 ～ 35 岁心智障碍者的 1412 名家长的抽样调查结果表明，心智障碍者的家人更愿意让心智障碍者参加工作，然而我国现状是 69.9% 的心智障碍者闲置在家，4.3% 的心智障碍者在照料机构，16.3% 的心智障碍者在福利企业，3.5% 的心智障碍者在康复中心以及 8% 的心智障碍者在一般企事业单位。随着“正常化”和“融合”理念的内化，如何帮助成年心智障碍者从家庭走向社会，促进心智障碍者及其家庭实现就业增收是加快推进小康进程、共享经济社会发展成果的关键举措。《国务院关于加快推进残疾人小康进程的意见》明确指出：要在发挥政府主导作用的基础上，充分发挥社会支持作用和市场推动作用，调动更加广泛的社会资源发展残疾人事业，为加快推进残疾人小康进程注入持久动力。在政府缺位、企业主动性差以及社会组织能力不足的情况下，社会企业作为社会力量的重要组成部分，如何参与其中，存在什么样的比较优势及参与的行动逻辑，以及在多元主体参与下进行角色定位等问题，都是推动心智障碍者就业路径创新需要认真思考和回答的。

（三）为多元行动主体参与和创新社会管理提供经验借鉴和参考

中共十八大报告指出，“引导社会组织健康有序发展，充分发挥群众参与社会管理的基础作用”;《国务院关于加快推进残疾人小康进程的意见》再次强调，要“充分发挥社会力量和市场机制作用”。社会企业以商业运营为手段，以社会使命为驱动，是社会公益与市场经济有机结合的产物（沙勇，2013）。社会企业在我国虽然是社会创新的新兴表现形式，但不能否认其是社会管理创新的重要主体。虽然在西方发达国家及我国港台地区，社会企业参与社会管理创新已经积累了较多且较成熟的实践经验，但在我国大部分地区尚无真正意义上可资借鉴的总结性经验概括，社会企业参与社会管理创新的比较优势和可行性，以及行动过程中存在的困境和问题都是值得我们认真思考的。在此情况下，开展社会企业促进心智障碍者就业的行动逻辑研究，对于从宏观上对社会企业参与社会管理创新具有重要的借鉴意义和参考价值。

第二节 研究结构与研究方法

一、研究结构

本书以心智障碍者就业这一社会问题为切入点，以社会企业为主体，以其促进心智障碍者就业的行为情境、行动过程和行为优化等为研究主线，在研究架构上主要设置四个部分。

第一部分（第一章、第二章）：绪论、概念界定与国内外相关研究综述。该部分是本书的基础性研究部分，内容主要涉及研究背景、研究问题、研究目的和意义、核心概念界定、国内外文献综述，以及对研究方法和技巧运用的梳理、分析和说明。

第二部分（第三章至第五章）：结合本书构建的分析框架，对社会企业促进心智障碍者就业的行为情境、行为选择和行为策略进行研究，该部分是本书的核心部分。在进行跨案例研究分析的基础上尝试探索性回答：社会企业作为一种兼具社会与经济双重目标的组织形式，促进心智障碍者就业的现实行为情境如何？它创立的行为动机与条件是什么？它促进心智障碍者就业的合法性策略如何获取，又面临什么制约？等等。

第三部分（第六章）：社会企业促进心智障碍者就业的行为优化。该部分是本书的策略性研究部分，在对我国促进残疾人就业和服务发展趋势进行研判的基础上，借鉴社会企业促进心智障碍者就业的先进经验，重新思考社会企业在促进心智障碍者就业行为中的角色定位，并尝试从国家、社会以及社会企业自身三个层面提出社会企业促进心智障碍者就业的行为优化措施。

第四部分（第七章）：结论与讨论。该部分将对全书内容进行总结，对本书在研究中的可能性创新与存在的不足进行说明，并为下一步深入研究提出相关建议。

本书的技术路线如图 1.1 所示。

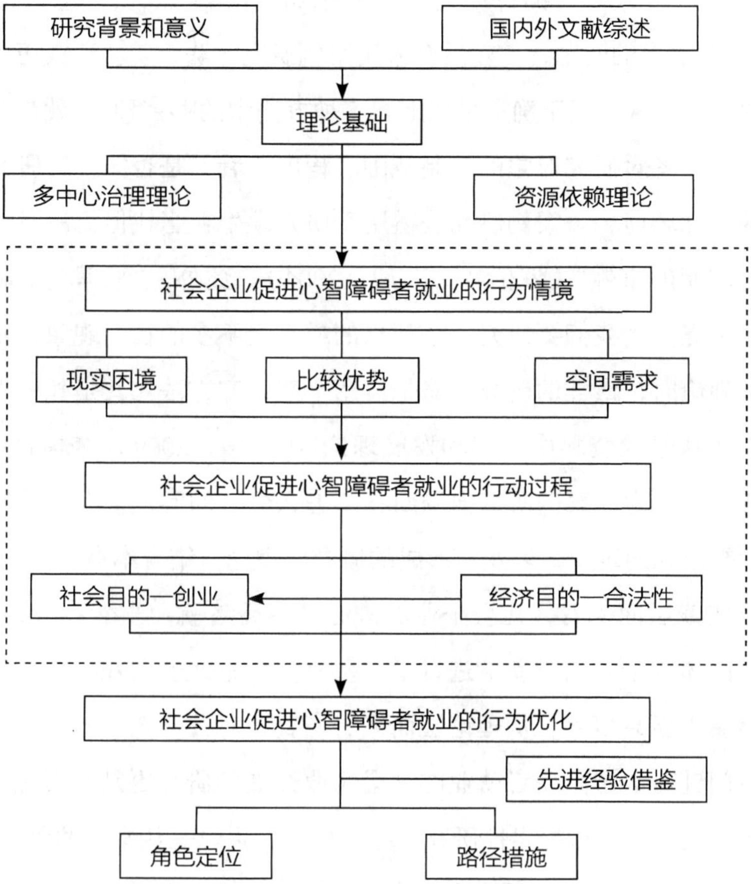

图 1.1　本书的技术路线

二、研究方法

本书旨在以一个具体的社会问题——心智障碍者就业为切入点，探究我国社会企业参与介入此类社会问题的缘由背景、行为情境、行为动机和行为策略以及行为路径优化等。很明显，这是一个典型的关于“为什么”和“怎么样”的课题研究。罗伯特·K. 殷认为，“怎么样”和“为什么”之类的问题，比较适合采用案例研究方法、实验法或历史分析法。同时，他认为至于确定采用上述三种方法中的哪一种，“就需要进一步分析研究者对研究对象的控制范围、程度，看其是否能接近研究对象所处的实际环境……案例研究法适用于研究发生在当代但无法对相关因素进行控制的事件”（罗伯特·K. 殷，2004）。此外，“根据莫斯和理查德斯的观点，当我们要研究一个新兴的或知之不多的社会现象，希望从中建构理论时，最佳的研究策略是运用个案研究方法尤其是扎根理论方法，直接从经验资料中发现和发展理论”（刘敏，2009）。Eisenhardt K. M.（1989）认为，案例研究强调回答“怎么样”的问题，尤其适用于探索较少被研究的现象，以及新形成的概念或理论。结合本书的研究内容，从本土实践层面来看，社会企业促进心智障碍者就业虽然在近些年来，在民间团体或个人的推动下进行了一些有益探索，但在残障人士就业领域仍然属于新兴事物；从理论层面来看，我国对社会企业的研究起步较晚，专门针对心智障碍者就业的社会企业开展的研究更是寥寥无几，因此，本书主要是一项探索性研究。综上可见，无论是从本书的研究目的，还是从研究内容来说，案例研究法都是最佳选择。为了规避“你怎么能单从一个案例归纳出这个结论”的疑惑，同时也是出于对本书研究结论“分类同质化外推”（王宁，2007）的考虑，本书采用了多案例研究方法，以便使研究结论更具说服力。

案例研究法是一种混合型的综合研究方法。具体来说，本书在研究过程中为了搜集足够充分且有效的数据资料，主要采用了文献研究法、深入访谈法以及直接观察法。

（1）文献研究法。本书对相关的文献材料进行必要的梳理、分析与评述，在一定程度上可以透视研究的意义和价值。本研究涉及的文献资料主要包括以下方面：一是社会企业参与促进心智障碍者就业的基础性理论；二是社会企业与心智障碍者就业的相关文献研究；三是案例部分的数据材料。前两个方面的文献来源主要是通过查阅国内外学术期刊数据库、高校图书馆以及自购图书等方式搜集的期刊、专著及论文等；案例部分数据材料的来源主要涉及对研究案例在官方网站公开披露的机构年度工作报告及审计报告、网络媒体报道以及制定的政策制度文件等内容。

（2）深入访谈法。深入访谈法是本书获取研究资料的另一条重要途径。笔者多次通过直接面谈、电话访谈及邮件往来等方式对研究案例机构的创办人或运营负责人进行深入访谈，内容主要涉及案例机构的创办历程、发展目标及愿景、组织架构及治理、利益相关者关系互动以及运营方式等。所有访谈均由笔者结合研究主题和先期文献资料的查阅情况于事先制定好访谈提纲，并由笔者采用半结构性访谈方式进行。在征得被访者同意的情况下，笔者对整个访谈过程进行录音，并在访谈后进行转录整理。

（3）直接观察法。为了对研究案例有更深刻真实的感受，笔者分别于 2015 年 4 月和 9 月对案例机构进行了参观和走访，与机构工作人员、心智障碍者以及顾客等进行沟通和交流，对案例机构的服务方式、服务流程、服务内容以及服务效果等进行直观体验。

社会企业尤其是心智障碍者就业类社会企业在我国内地的数量不多，近些年在民间组织及心智障碍者家长的推动下，尤其 2014 年 9 月国务院总理李克强在夏季达沃斯论坛上公开发出“大众创业、万众创新”的号召以来，其作为一种新兴事物正在蓬勃兴起与发展。然而，也正是因为

“新”，学术界并未对其有足够的关注，尤其在理论导向型实证研究方面更是少之又少。根据笔者对我国社会企业实践案例的梳理，本书选取的AT面包坊是我国在促进心智障碍者就业方面最早进行探索的社会企业之一，已持续运作七八年的时间，它为研究心智障碍者就业类乃至弱势群体就业类社会企业的发展运作，提供了一个很好的研究窗口；XH洗车中心则是在我国经济发展进入新常态，“打造大众创业、万众创新和增加公共产品、公共服务‘双引擎’”，政府对心智障碍者就业救助不足以及“去机构化”和“融合”助残理念日益盛行等背景下成立的。可以明确的是，我国现在正处于并将长期处于经济发展新常态，这意味着在我国经济发展进入“增长速度换挡期、结构调整阵痛期、前期刺激政策消化期‘三期’叠加下的矛盾问题交织期”[①]的同时，国家和政府将更加重视民生建设，将有力推进相关社会政策发展和福利制度的创新，进而“坚决把民生底线兜住、兜牢”；“大众创业、万众创新”更是因作为经济社会发展新常态的必然选择而成为国家战略。由此可见，在这样的大时代背景下，研究XH洗车中心的行动逻辑是具有一定的典型性的。此外，笔者曾有过在N市求学、S市就职的经历，较为熟络的人际关系以及地域文化环境为笔者顺利接触和深度融入研究案例提供了便利条件。

① 本报评论员．经济运行呈现新特征：新常态下的中国经济（中）[N]．人民日报，2014-08-06（1）.

第三节　理论基础

一、多中心治理理论

多中心治理理论是由多中心和现代治理构成的复合性概念，其中“多中心”既是核心概念，也是认识该理论的逻辑起点。“多中心”一词最早作为一个经济学词语，是由英国自由主义思想家迈克尔·波兰尼提出的。在其 1951 年编著的《自由的逻辑》一书中，他对“指挥的秩序”和“自发秩序”进行了区分，同时用“多中心性”来论证自发秩序的合理性以及阐明社会自我管理可能性的限度。他认为，所谓“多中心性”，是指“负重框架上各顶点的移动”，“这些移动的总体，即体现了一种多中心秩序，若干要素排序为多中心的情形，这一任务叫作‘多中心任务’，唯有靠相互调整的体系才能被社会所管理”。显然，在迈克尔·波兰尼看来，“多中心性”意在强调一种自发秩序，在其内涵属性上与“自发性”基本同义，自发秩序中的个体是在相互调整协商和配合中趋于一致的。

随着经济全球化以及公民社会的兴起，“多中心”一词开始向更广泛的公共领域拓展，并被引入公共治理当中。其中，美国学者文森特·奥斯特罗姆和埃莉诺·奥斯特罗姆夫妇对多中心治理理论体系的形成和发展做出了巨大的实证贡献。他们通过对地方公共事务的治理进行多年实证调研后认为，大都市地区政治管辖单位的治理模式是“多中心政治体制”，“‘多中心’意味着许多形式上相互独立的决策中心。它们实际上是否独立运作，抑或相反，形成一种相互依赖的关系体制，是一个视特定情况而定的经验问题”。诸多决策中心虽在形式上是独立存在的，但在竞争与合作的互动关系中“以一种具有一致和可预知互动行为模式的连贯方式发挥作用”。“多中心政治体制”治理模式下的决策来自多中心的制度安排，这种制度安排打破和摆脱了政府或市场的单一权力格局，形成一个由多个权力中心组成的治理格局来承担公共服务的生产。

“现代治理”作为一个概念，自 1989 年世界银行讨论非洲发展时在其报告《撒哈拉以南非洲：从危机到可持续增长》中被首次提出“治理危机”以来，在学术界逐渐流行，其中最具代表性和权威性的是全球治理委员会在 1995 年发表的研究报告《我们的全球伙伴关系》中给出的界定：治理是各种公共的或私人的个人和机构管理其共同事务的诸多方式的总和，它是使相互冲突或不同的利益得以调和并且采取联合行动的持续过程。我国学者俞可平（2006）认为，治理的实质在于建立在市场原则、公共利益和认同之上的合作。

结合上述对多中心和现代治理概念的分析可以发现，两者在内涵与范畴上具有某种程度的同一性。概而言之，多中心治理理论不仅强调行为主体的多中心性，其权力的运行方式也是多元的，由于任何一个权力主体都没有承担公共事务治理、公共服务生产和提供服务所需的充足资本，因此各权力主体间的互动方式不应是“单中心”的服从模式，而应是建立在协商、对话和博弈上的“多中心”合作模式，进而才能有效规避“市场失灵”和“政府失灵”。可见，多中心治理的实质是旨在搭建政府、市场和社会共同参与公共服务供给与公共事务治理的多元合作模式。

由于心智障碍者的就业促进服务是一种典型的公共服务，而且多中心治理理论在公共服务生产与供给方面具有较强的现实解释力，因此多中心治理理论为促进我国心智障碍者就业、满足其就业需求提供了一个具有现实借鉴意义的理论范式，即鼓励社会组织积极参与，充分发挥其专业优势，有效弥补政府组织和经济组织的失灵弊病。社会企业是兼具"社会目的"和"商业目的"的混合型社会组织，理应是社会组织的主要构成部分。已有的国内外实践充分证明，社会企业在促进弱势群体就业方面具有独特的优势和较强的适切性，从此意义上讲，社会企业也是多中心治理框架内的重要力量。本书将多中心治理理论作为理论分析框架引入心智障碍者就业促进领域，探讨社会企业在促进心智障碍者就业的角色功能定位，有助于厘清各主体的权责和行动边界，对建立主体间良性的互动关系具有重要意义。

二、资源依赖理论

资源依赖理论（Resource Dependence Theory）是组织研究中十分重要的理论，萌发于20世纪40年代美国学者Selznick对田纳西河流域管理局的经典研究，形成于20世纪70年代。1978年，美国学者Pfeffer和Salancik合著出版了《组织的外部控制：资源依赖视角》一书，该书阐述了资源依赖理论的主要观点。他们认为，在对某个组织行为的理解过程中，必须了解这种行为所处的环境，并提出了资源依赖理论的四个假设：①组织最重要的是关心生存；②为了维持生存，组织需要资源，而且通常无法自行产生这些资源；③组织必须与所依赖环境中的要素进行互动；④组织的生存建立在控制与其他组织关系能力的基础之上，同时提出了两种适应环境力量的战略，一是组织调整结构和过程以适应环境，二是通过改变和积极管理环境使其适应组织能力。

资源依赖理论认为，组织并不是一个孤立的封闭性系统，而是一个开放的系统，任何组织都不可能自给自足并完全具备满足其生存与发展的全部资源，并且这些资源大部分存在于外部环境中。因此，组织的生存与发展是其在与环境的互动中推进的。组织为了满足其生存与发展的需求，不得不依赖环境并从中获得人力、财力以及社会合法性等资源支持，但这并不意味着组织对外部环境只是一味地被动适应。资源依赖理论认为，组织与外部环境之间的资源依赖是相互的，换言之，组织可以发挥自身能动性对外部环境产生影响，从而改变对外部环境的依赖强度。

资源依赖理论因其强大的解释力被广泛应用于组织管理研究中，如企业经营、公司治理和社会组织等。社会企业作为一种新型的组织形式，在其初创期由于自身资源的缺乏，并且较其他组织尚未取得合法身份，因此势必要在促进心智障碍者就业的行动中从外部环境获取资源，这些资源主要源于政府、企业、社会组织和其他社会力量等。社会企业要想生存和发展，就要和这些利益相关者建立良好的关系并获得其支持。同时，由于社会企业兼具社会目的和经济目的双重属性，并且本书探讨的社会企业主要是面向促进心智障碍者就业的，从外部环境的主体之一政府角度来讲，虽然建立心智障碍者就业支持体系是其义不容辞的责任，但受财力以及政策执行力所限，政府往往“有心无力”，因此社会企业提供了一种可行方式。从企业角度来讲，社会企业是其承担社会责任的有效途径；从社会组织角度来讲，社会企业是其实现永续发展的可行性路径；从社会大众角度来讲，社会企业使其从事慈善献爱心活动更具成就感。基于这些分析，社会企业与外部环境中的相关主体形成了一种相互依赖的关系。

总之，本书将资源依赖理论作为一个理论分析框架，对社会企业促进心智障碍者就业的行动过程进行分析是适宜的，尤其是对于初创阶段的社会企业来说，创业能否成功和持续生存是其最为关注的，借助资源依赖理论对其创业行为和合法性的获取行为进行分析，有助于深入了解社会企业在行动过程中面临的困境与问题，对进一步推动心智障碍者回归社会就业和社会企业的生存发展都具有重要意义。

第二章

概念界定与国内外相关研究综述

第一节　相关概念界定

一、社会企业

社会企业发端于欧洲（Yoon-Doo Kim 等，2014），作为一个词语被明确提出则要追溯到英国社会经济发展学家 Freer Spreckley 在 1978 年使用该词来描述运用“社会会计和审计”体系的员工和社区合作社（Rory Ridley-Duff 和 Mike Bull，2011）。社会企业作为一个概念被引入中国，根据既有文献梳理来看，最早可以追溯到北京大学刘继同教授对世界经济合作与发展组织（OECD）起草的一篇名为“社会企业”研究报告的节译。该译文被收录于 2004 年出版的《中国社会工作研究》（第 2 辑）中。作为一种解决社会问题的新方式，在过去的几十年间，有关社会企业的定义在全球范围内显著增多，这种概念界定的不一在某种程度上是由各个国家、地区特定的社会经济条件所导致的（Janelle A. Kerlin，2009）。

细加审视可以发现，“社会企业”这一术语只是一系列相互关联概念中的一个（Darinka Czischke 等，2012），与其容易混淆甚至交互替代使用的英文词语有“social economy”“social business”（尤努斯）、“business for social purpose”“social entrepreneur”“social entrepreneurship”，等等。目前，社会企业还没有一个被普遍认可的定义，本书将列举几个较具代表性的国外定义。欧洲社会企业研究网络（EMES）指出：社会企业是非营利性的私人组织，直接围绕使其所在社区受益的清晰目标提供商品或服务，它们依赖一个包含各种利益相关方的治理结构的集体动力，高度重视自主并因其行动引致的经济风险 。英国工贸部（DTI）对其的定义：社会企业是具有某些社会目标的企业，按照组织的社会目标，将盈利再投放到业务本身或所在社区，而不是为了股东和所有者赚取最大利润。英国社会企业联盟（SEUK）给出了虽十分简短却高度概括的定义：社会企业是运用商业手段实现社会目的。可见，虽然各界对社会企业存在不同的理解，但在社会企业是社会意识和经济创收的统一体方面基本达成共识（Elaine E.Katz，2014）。迄今为止，社会企业的法律身份在我国尚未得到认可，我国官方也尚未对其做出一个明确定义，有关其官方的最早出处是北京市委于 2011 年 6 月发布的《中共北京市委关于加强和创新社会管理全面推进社会建设的意见》。该文件指出，要“积极扶持社会企业发展，大力发展社会服务业”，但对什么是社会企业并未做诠释和解读。2015 年，我国首个民间社会企业认证办法《中国慈展会社会企业认证办法（试行）》给出的定义是“社会企业是以商业手段为运作方式，以可持续解决特定社会问题为设立宗旨、目标的企业及运作良好的社会组织”，该定义涵盖了组织的经营模式、运营目标和法人结构三方面内容。

鉴于目前对社会企业定义的不明确性，导致难以对现实中的社会企业加以甄别，并将其与私营企业和非营利组织明确区分，所以给出一个操作化定义并加之于量化标准进行认证识别，这对健全完善相关政策制度、助推社会企业培育和发展是极为重要的。回顾社会企业相关定义，不可否认，EMES 从 5 个社会指标和 4 个经济指标给出的操作化定义已经比较具体，并于 2012 年得到欧盟认可并采用。但对于社会企业来说，一个核心议题就是“收入来源和利润分红”，由于 EMES 对此缺乏具体的量化指标，因而不能很好地识别和界定现实中的社会企业。2010 年，英国社会企业标志公司（SEM）提出并制定了一个涵盖 6 项内容的社会企业认证标准，即社会企业必须具有社会和（或）环境目标；必须具有独立的商业业务；至少有 50% 的收入源于市场交易；年利润总额的 51% 以上用于社会 / 环境目标；解体时所有剩余资产用于社会 / 环境目标；必须证明社会 / 环境目标正在逐步实现。虽然这一认证标准备受质疑，但是在 2012 年被用于欧盟招投标合同之中。2015 年，《中国慈展会社会企业认证办法（试行）》在对社会企业做出定义的同时，也明确提出了认证标准，即有具体明确的社会目标，超过 50% 的收入来自商品销售、贸易或服务项目收入，要求章程规定机构每年用于分配的利润不超过年度利润总额的 35%，并且有两年以上的实践经历。2016 年，《中国慈展会社会企业认证办法（试行）》将标准降低并调整为：社会目标优先、注册不少于 1 年、独立运作、不少于 3 人的全职受薪团队及收入的 50% 来自经营或服务收入。最终，中国有 16 家社会企业获得认证。

综合上述梳理分析，本书认为社会企业作为一种混合型组织，处于传统非营利组织和传统商业企业的连续运作之中，其实现路径既可以是非营利组织的商业化运作，也可以是商业企业的社会创业，同时又与两者有着本质区别。具体来说，社会企业与传统非营利组织的区别关键在于，社会企业通过商业运作实现社会目标的持续性和扩展性；与传统商业企业的区别主要在于，为了达成“社会使命”采用独立的“商业化运作”，而非将“社会使命”作为“经济目的”的派生物，这也只能称为“企业社会责任的体现”，并非社会企业本身，因为社会企业从一开始创业就具有明确清晰的社会目标。结合本书的研究主题来讲，社会企业的成立初衷是吸纳和雇佣心智障碍者就业，而不是为了在追求利润的前提下，出于承担社会责任或获得政策优惠而雇佣心智障碍者。社会企业既然采用商业化运作方式，就势必要直接参与市场竞争，并主要通过此途径获得收入和利润，以保障其社会使命的实现和维持可持续运作，在必要情况下可以进行有限度的利润分红，并独立承担商业风险。结合国内外社会企业认证标准，从推动我国社会企业发展的角度出发，本书认为社会企业的收入至少要有 50% 源于市场交易，年利润总额的 51% 及以上要用于社会使命的达成，这样是较为合理并符合我国现实情况的。此外，社会企业必须是依法注册的。根据我国目前的情况，其注册登记既可以在民政部门，也可以在工商部门，政府参照其章程、财务及其他指标给予一定的税收优惠和政策支持。鉴于社会企业涉及教育、就业和环境保护等多个领域，本书的实际探讨仅属于社会企业的一个组织类型，即就业型社会企业。

二、心智障碍者

从严格意义上说，“心智障碍者”这个称谓并非专业科学术语，由于各学科的研究领域和研究范畴不同，迄今为止尚未对其有一个统一明确的概念界定，而且这种概念界定也随着人们对其影响因素认识的深入而不断发展。从总体发展脉络来讲，人们对心智障碍者的概念形塑主要是从精神医学模式转型为社会模式，其中最主要的原因在于，人们对心智障碍者的排挤或孤立，并非来自其生理或心理上的功能损伤，而是来自社会政策对心智障碍者错误的认知或假设所引致的社会排斥（Theresia Degener，2003）。到了20世纪90年代中期，随着个人权利意识的觉醒，心智障碍者的概念构建不仅是社会问题，还是一种必要的人权，这是因为心智障碍者虽受到诸多限制，但这并不意味着其不能行使或享受公民权利（Lawrence O.Gostin，2004）。对于心智障碍者来说，主要谋求四种相关人权：自由、尊严、平等和权利（R.J.Bonnie，2001）。至此，有关心智障碍者的定义主要集中于精神医学类、社会学类和法学类三个领域。传统精神医学领域的相关研究主要着眼于对生理机能功能性障碍或损伤进行概念构建，如智商（IQ）低于70，同时在日常生活必备能力方面存在限制；社会学领域的相关研究主要从关注标签化及社会排斥方面进行定义；法学领域的相关研究则聚焦于心智障碍者的权利保障与维护。以上三者的定义不是逐步递进和互相借鉴吸收的：社会学领域的心智障碍者的定义并未排除精神医学内涵，反而将其囊括其中，并且因个人权利意识的觉醒在其定义中纳入权利保障加以充实，而目前的法律体系由于法律主张案例实证化和客观性，因而多采用精神医学的心智障碍内涵（吴宜亭，2010）。相关研究显示，心智障碍是人类在童年时期最常见的残障之一（Chen J. 和 Simeonsson R. J.，1993）。美国智力与发展性障碍协会（AAIDD）给出的2010年的新版定义是“心智障碍是一种以智力功能和适应行为都存在显著限制为特征的障碍，适应行为表现为概念的（conceptual）、社会的（social）以及应用性的（practical）的适应性技能。障碍发生于18岁之前”。也正是这一版，使“心智障碍”这一术语由英文的Intellectual Disabilities替代了长时间使用的Mental Retardation，在国际上也逐渐替代了Developmental Disabilities/delay（加拿大）、Learning Disabilities（英国、澳大利亚）以及Cognitive Disability（美国）等英文术语。

我国在心智障碍乃至残障研究方面起步较晚，对心智障碍者虽有过概念界定，但是比较狭义，主要是指智力残疾。中国残疾人联合会于1995年制定的《中国残疾人实用评定标准》中对智力残疾的定义是“人的智力活动能力明显低于一般人的水平，并显示出适应行为的障碍”。对照二者可以看出，我国和AAIDD对智力障碍给出的定义类似，主要表现为两个特征：一是智力水平发育迟缓，低于正常人；二是存在适应性行为缺陷。在现实生活中，虽然智力障碍与精神障碍存在本质区别，但不可否认的是，很大一部分精神障碍者在智力活动与适应行为方面与智力障碍者表现形似，如自闭症患者等。因此，在本书的研究中，心智障碍者是指经过所在地残联依据资质医院鉴定出的残障类别、等级符合核发条件，并申领残疾证的智力障碍、精神障碍及多重障碍和其他疾病导致智能发育迟缓而不能正常适应日常生活者。笼统地说，心智障碍者主要包括智力障碍者和精神障碍者。

三、社会企业家精神

“社会企业家精神”（Social Entrepreneurship）作为一个学术概念被提出和应用，最早出现在20世纪后期西方国家的经济学和管理学领域。美国德州理工大学管理学院Jeremy C. Short及其合作者（2009），通过对设定的社会企业家精神、社会企业家、社会创业以及社会企业等关键词检索到的152篇英文期刊文章进行主题分析后发现，最早的文章发表时间是1991年，同时发表在经济和管理类杂志上的文章数目占35%。社会企业家精神为什么会产生？Helmsing（2015）认为，以往学者的研究主要从两种视角出发，一种是对公民社会负面因素的反思和批判，另一种是对市场经济理性的反思。我国学者钱惠英（2013）研究认为，西方学者提出社会企业家精神并非偶然，这与西方国家管理界对纯粹市场理性范式批判、非营利组织管理效率低下以及跨部门合作的客观要求等因素密切相关；祖良荣等（2011）认为，社会企业家精神萌发的三个驱动因素是社会经济环境危机和社会期望、社会福利国家体制改革以及非营利组织面临的资源与竞争挑战。在过去的几十年里，围绕社会企业家精神或相关主题展开的研究呈现跨学科和国际化发展的态势。一份文献研究显示，从2004年开始，社会企业家精神及相关主题文章明显增多（Maria L.Granados等，2011）。究竟什么是社会企业家精神，学者在这方面的研究见仁见智，从不同的角度对其有着不同理解。比如，Granados等（2011）认为，社会企业家精神是指个人或组织通过企业化运作的创新性方式创造、维持、分配和（或）传播社会或环境价值的一种活动，其组织形式可以是社会企业、非营利组织、私人或公共部门。Dacin等（2011）认为，社会企业家精神概念的提出，迎合了那些对政府和企业解决诸如贫困、社会排斥以及环境等社会问题的能力持有怀疑态度的人。Helmsing（2015）认为，社会企业家精神的概念应该涵盖四个方面的内容：企业家的个人特质、经营范围、使用的资源以及创造社会价值的目标。其中，创造社会价值的目标至关重要。Fowler（2000）把社会企业家精神分为三种，第一种是整合型（Integrated）社会企业家精神，强调经济活动产生经济效益的同时，也产生附加的社会效益；第二种是重释型（Re-interpretation）社会企业家精神，强调通过非营利活动降低成本，增加或使收入多元化；第三种是补充型（Complementary）社会企业家精神，非政府组织通过营利性企业活动补偿运作成本。

综上所述，对社会企业家精神的理解和定义，学者通常基于三种不同的视角：第一种是从社会属性的视角，在强调组织目标是实现社会价值的同时，也强调组织运作过程的社会性，如人力和社会资本以及社会影响力提升等；第二种是从福利国家体制改革背景的视角，社会企业家对传统福利制度的怀疑、突破和创新，解决社会问题；第三种是从企业属性的视角，强调企业家通过创新和变革产生社会效益。此外，一些学者认为，社会企业家精神的组织形式是多元的，而且这些组织形式如果按照组织动机驱动的经济利益—社会效益光谱来看，恰是一个动态的连续体。若在此意义上理解，社会企业家精神并非静止的，而是一个动态的过程。可见，社会企业家精神是一种社会创新精神，蕴含于个人或团体的认知与行为当中，对其理解要着重突出和涵盖以下几个特性：①创造社会价值；②机会把握和创新；③资源获取和整合；④风险承担与规避；⑤动态过程导向。在以上几个特性当中，创造社会价值作为社会企业家的目标使命，也在概念上将社会企业家精神与企业家精神区分开。

第二节　国内外相关研究综述

鉴于社会企业是致力于推动心智障碍者就业的新生力量，本书主要围绕社会企业促进心智障碍者就业的行为情境、行为过程和行为优化等重要议题展开研究和探讨。本书将回顾的相关研究成果归纳为以下四个方面：一是社会企业的内涵研究；二是社会企业的就业促进研究；三是心智障碍者的就业问题研究；四是围绕国内社会企业和心智障碍者就业的相关政策法规进行综述。

一、社会企业的内涵研究

“社会企业”一词由英文“social enterprise”直译而来，作为一个概念被提出则要追溯到20世纪80年代法国社会科学家引入的“社会经济”概念。蒂埃里·让泰认为，社会经济不是“以人们衡量资本主义经济的办法即工资、收益等来衡量的。它的产出是把社会效果和间接的经济效益结合在一起的”（杰里米·里夫金，1998）。作为一种创新型的组织形式，社会企业在实践中的大量涌现是与欧美国家的福利国家转型相伴随的。具体来说，20世纪70年代的欧洲因受经济形势影响，福利国家危机日渐加重，面临“政府失灵”“市场失灵”以及“非营利组织”失灵的三重不利局面。为进一步推动福利国家改革，传统部门的界定方式逐渐式微，尤以企业部门与社会部门逐渐融合从而产生一种新型的社会组织，这种新型的社会组织被称为“社会企业”（郑胜分，2007）。由于社会企业兴起国家或地区的社会经济条件及社会政策存在差异，因此即使在同一国家或地区，因为官方、实务界和学术界对其认识和理解的角度不同，致使迄今为止有关社会企业的概念和内涵等仍没有达成一致。

在欧洲，社会企业被认为是“社会经济”的一部分（王世强，2012），且具有以企业精神和社会目的为共同特征的实体（Carol Borzaga和Jacques Defourny，2001），其中代表性概念如表2.1所示。欧洲社会企业在非营利组织的基础上创造新型的社会企业组织（陈金贵，2002），其兴起的背景在于解决弱势群体的就业问题（Carol Borzaga 和 Jacques Defourny，2001），其核心策略为“工作整合”，而在这方面研究最具代表性的是 EMES。它在对社会企业进行定义的同时指出，可以从社会和经济两个指标测量社会企业，其中社会指标包括五个核心要素：①由社区或一群人发起；②决策制定权的享有不取决于出资多寡；③参与的本质包括受到组织活动影响的人；④有限度的利润分配；⑤有益于社区的明确目标。经济指标包括四个方面：①持续生产商品或销售服务的活动；②高度的自主自治性；③明显的经济风险；④需要聘用最低数量的有薪工作者。

表 2.1 欧洲社会企业代表性概念

提出者	概念内涵界定
OECD	社会企业包括任何为公共利益进行的私人活动，它虽依据的是企业战略，但其目的不是利润最大化，而是实现一定的经济目标和社会目标，而且具有一种为社会排挤和失业问题带来创新性解决办法的能力
EMES	社会企业是非营利性的私人组织，提供直接使社区受益这一明确目标的商品或服务，并依赖于集体动力。治理结构中包含不同类型的利益相关方，高度重视自主权，并承担因其行动引致的经济风险
DTL	社会企业是具有某些社会目标的企业，按照组织的社会目标，将盈利再投放到业务本身或所在社区，而不是为股东和所有者赚取最大利润
SEUK	运用商业手段，实现社会目的；从企业导向、社会目标和社会所有制三个方面进行限定
Defourny（2001）	社会企业是合作社与非营利组织的交叉点，合作社包含劳动者合作社及使用者合作社，非营利组织包含生产型和倡议型非营利组织，而社会企业偏向劳动者合作社与生产型非营利组织的混合体

在美国，社会企业是“市场经济”的一部分，一般是指非营利组织参与经济活动（Janelle A. Kerlin，2006）。学术界倾向使用“社会企业家精神”（Jon Van Til，2000）。Young（2001）指出，社会企业可以被定义为对社会公益事业有贡献的营利性商业活动或者运用商业手段产生利润的非营利性组织。Dees(1998）认为，社会企业是在纯慈善（非营利组织）与纯营利（私人企业）之间的连续体，并提出了“社会企业光谱”的概念。从官方来看，美国政府对社会企业的定义颇为宽松。美国社会企业联盟对其的界定为：社会企业是以社会公益为基本目标的企业，运用商业手段以及市场力量来促进社会、环境及社会正义的进程。

针对欧洲和美国的社会企业由于各自历史发展背景不同而导致的在概念厘定及内涵特征等方面的差异，Kerlin（2006）进行了系统的比较研究（见表 2.2），并对美国和欧洲的社会企业发展进行相互借鉴等相关问题进行了探讨。

表 2.2　美国和欧洲的社会企业比较概述

	美国	欧洲
重点	经济效益	社会效益
常见组织类型	非营利	协会 / 合作社
焦点	所有的非营利活动	人类服务
社会企业的类型	很多	较少
接受方参与	有限的	普遍的
策略发展	基金会	政府 / 欧盟
大学研究	商业和社会科学	社会科学
背景	市场经济	社会经济
制度框架	缺乏	不发达但正在发展

在中国，港台地区无论在研究还是理论方面，都比内地（大陆）地

区的发展程度高。在香港，社会企业的发展比较偏重其社会经济功能（刘小霞，2012），其中最具代表性的定义当推香港扶贫委员会。香港扶贫委员会（2005）认为，社会企业并无统一的定义，该类企业可资识别的主要特点是，有关机构的所有或部分业务同时追求商业及社会目的。陈锦棠等（2005）认为，香港的社会企业具有四个特征：①借助企业的发展策略达成社会目的；②其发展途径包括以工代赈以及社会投资；③鼓励社区中的边缘团体自力更生；④重视可持续发展。与我国香港地区不同，我国台湾地区对社会企业的定义较多地参考了美国和英国的定义。官有垣（2006）认为，社会企业是指具有私人性质且以非营利为目的的组织，致力于提供"社会财产"，除了传统经费来源外，有相当一部分包括商业的盈利收入以及商业活动行为的收入。李衍儒和江明修（2011）认为，社会企业除涉及企业的非营利化，即企业慈善及社会责任外，也包含非营利组织的商业化，以及创立初始直接以达成社会目标，并以商业手段运作成立的组织。相较于我国港台地区，中国大陆地区的社会企业研究虽然刚刚起步，但一些专家学者也结合自身理解对社会企业进行了定义。俞可平（2006）认为，社会企业就是以公益性社会服务为主要目标的企事业单位；邓国胜（2009）将社会企业视为可以充当提供公共服务的一种新型组织类别；时立荣（2005）将社会企业视为一种非营利组织，经济性的经营行为和经营目标的公益性是其突出特征；余晓敏（2011）认为，可以从较宽泛的意义上对社会企业进行定义，即受社会目标驱动的商务事业或经济活动。

二、社会企业就业促进研究

通过对欧洲社会企业兴起背景的分析不难发现，欧洲社会企业发展的原因主要在于解决福利国家因福利紧缩造成的弱势群体社会排斥问题的加剧与失业人口增加的问题。因此，其核心主轴在于通过各种形式的社会企业解决失业问题与社会经济的产生，减少社会排斥现象（吴佳霖，2012）。失业与贫困问题是紧密联系的，就业是社会弱势群体摆脱贫困最重要的手段之一，在这一点上社会已基本达成共识。有别于以往的减贫策略，社会企业自身融合了社会和经济两重目的，因此可能比较适合回应贫困的多维特性（Sarah Fotheringham 和 Chad Saunders，2014）。社会企业在减贫中被认为是一个最有力的竞争者，因为它能回应贫困的许多方面，特别是社会排斥（Cooney 和 Shanks，2010；Galerag，2010；Spear 和 Bidet，2005）。

在欧洲诸多社会企业类型中，有一种基本的社会企业被称为“工作整合型社会企业”，它被定义为尝试通过商业手段创造就业或工作培训机会的社会企业策略，这种商业活动是一种不可或缺的社会干预（Cooney 和 Shanks，2010）。创立这种社会企业的目的是帮助弱势群体重新回归正式经济（Defourny 和 Nyssens，2006），减少社会或经济排斥（Teasdale，2010），提供就业机会（Cooney，2011）。Spear 和 Bidet（2005）在对欧洲 12 个国家进行比较分析的基础上认为，欧洲工作整合型社会企业可依据以下几种情况进行区分：①从政府当局得到补贴的类型，是长期、暂时还是自筹；②为边缘群体提供就业的类型，是长期还是暂时；③培训活动的重要程度；④通过增权行动提升尊严感的程度；⑤避免弱势群体和残疾人更深程度的边缘化以及朝可持续和平等发展的程度。同时他们指出，工作整合型社会企业面临的挑战主要是多元经费来源渠道下的利益相关者动机的协调管理及风险管理。EMES 对欧洲国家工作整合型社会企业的跨国研究表明，至少存在四种类型的“工作整合型社会企业”：①长期享受政府补贴，旨在为各类残障人群提供就业服务的组织，如庇护工厂；②为在劳动力市场处于弱势地位的人群提供稳定就业的组织；③为有精神疾患或其他社会问题的人群提供生产性活动机会，从而帮助其实现（再）社会化的组织，其与第一类“工作整合型社会企业”的不同之处在于，受益人群从事的并非真正意义上的工作，获得的主要是住所和食物而非工资报酬；④为失业人群提供过渡性就业或培训，从而帮助其重返主流劳动力市场的组织，其服务对象通常不是残障人群或具有严重社会问题的人群，服务周期通常是短期的或有固定期限的（余晓敏、张强，2011）。“工作整合型社会企业”目标群体的普遍特征被认为是劣势群体或被假定为缺乏生产能力（Galera，2010）。

从目前来看，中国国内社会企业在实践中的发展，也在一定程度上与促进社会弱势群体就业紧密相连，如残友集团、欣耕工坊、富平学校、善淘网以及本书的两个样本案例，等等。在学术研究层面，也有学者开始初步关注社会企业与就业之间的关系。时立荣（2005）认为，我国的社会企业是一种新型的就业组织，是由非正规就业问题引发的，按就业方式可以划分为直接就业和间接就业；孙柳苑和刘瑛（2009）探讨了社会企业与多元化就业之间的关系，并将其发展模式归纳为工作整合模式、社区经济模式、合作社模式和乡村银行模式；杨河清和刘丽玲（2009）从个人、社会和政府三个层面论述了社会企业解决就业问题的社会意义，并指出政府扶持社会企业建立和发展时，应该主要关注认证标准、产业布局、运营经费和管理四个层面问题；高传胜（2015）认为，社会企业具有包容性治理功能，其中之一便是促进就业、创业和个人价值实现。此外，对社会企业就业促进方面则是针对不同群体展开的专门性研究，如大学毕业生（熊英，2014）、社区服刑人员（康健，2008）、刑释人员（龙弘洋等，2014）、移民（侯玲，2008）、低保户（邱成绪和徐源，2010）以及社区弱势群体（董晓华，2012）等，探讨社会企业在介入这些群体就业方面的功能优势和路径方法等。

三、心智障碍者的就业问题研究

我国目前有关心智障碍者就业方面的研究，主要按照两个研究逻辑展开：一是专题性研究，即将研究对象直接瞄向心智障碍者，目前主要按照残疾类别分别研究，其中以智障人士就业研究为主，但这方面的研究并不多，而且缺乏深入研究；二是普遍性研究，即将研究对象瞄向所有残疾人群体，把心智障碍者就业作为残疾人就业的一部分展开研究，这方面研究成果虽然颇丰，但由于在一定程度上缺乏适切性，在此不再对相关研究成果进行回顾。确切来说，目前我国心智障碍者的就业问题研究主要围绕以下三个方面展开。

一是关于心智障碍者就业问题的调查研究。曾凡林（2006）进行的上海市成年心智障碍人士家庭需求调查结果显示，有近七成的心智障碍者闲置在家，与家庭期望存在较大差距；刘春玲和李莉（2007）在对上海市“阳光之家”的心智障碍人士就业情况进行调查后发现，近六成的心智障碍者掌握一定的劳动技能；杜颖颖等（2007）通过访谈法对上海市心智障碍人士就业状况进行了描述性分析，并针对存在的问题提出了相关建议；上海市残疾人劳动服务中心、上海社会科学院信息研究所联合课题组（2007）根据抽样调查结果认为，在未来可开发的适应残疾人就业的岗位中，适合心智障碍者的是社区环保员和社区废旧物资回收员；卢天庆（2008）对上海市心智障碍者就业状况进行数据调查和访谈结果显示，心智障碍者就业率过低，主要集中在第三产业，岗位层次低、待遇差，就业稳定性差，获得就业支持有限；彭海燕（2013）对长沙市心智障碍者就业状况的调查结果基本与其一致。

二是就某种心智障碍者就业模式开展的研究。如《重度智障人士支持性就业个案研究》（徐素琼、刘嘉，2011）、《广州市智障人士支持性就业实践及政策援助诉求》（林静新等，2013）、《促进智力和精神残疾人辅助性就业的实践探索——以广州市康园工疗服务机构为例》（符大伟，2015）、《轻度智障青年的支持性就业服务研究——以南京市 NX 阳光家园服务中心为例》（孙凯，2016）、《支持性就业——精神残疾人就业的新模式》（杨金转，2008）等。

三是对国外心智障碍者就业经验的介绍。陈乙南（2008）对美国心智障碍者的社会安置模式从寄养式收容所模式向以社区为基础、以家庭为中心的综合安置模式转变进行了描述；吴筱雅（2010）着重介绍了美国非营利机构和完善的政策、法律支持心智障碍者就业；汪蔚兰和昝飞（2010）对美国心智障碍者支持性就业的实施流程与主要模式进行了介绍；上海市残疾人联合会、华东师范大学学前教育与特殊教育学院主编的《智障人士社会融合的理论与实践——上海市“智障人士阳光行动”报告》一书集中对中国大陆和台湾地区以及美国、英国、德国、日本等国的心智障碍者就业安置进行了介绍和阐述。

四、国内社会企业和心智障碍者就业的相关政策法规综述

我国社会企业在心智障碍者就业领域的生成和发展及其功能作用的发挥是多重因素共同作用的结果，其中国家和政府制定的相关法规与政策是重要的驱动力。结合本书的研究主题，本部分主要围绕社会企业和心智障碍者就业方面的有关政策、法规进行梳理和评析。

（一）社会企业的相关政策法规

围绕社会企业开展的研究和探讨更多的是民间行为，换言之，我国社会企业实践是成熟于学术研究和制度建设的。尽管如此，一些地方政府还是表现出了对社会企业的接纳和鼓励。北京市委于 2011 年 6 月发布的《中共北京市委关于加强和创新社会管理全面推进社会建设的意见》指出，要积极扶持社会企业发展，大力发展社会服务业。这也是“社会企业”一词首次出现在政府文件中，但对什么是社会企业并未做出界定和解读，后续配套文件也迟迟没有出台。2014 年，广东省佛山市顺德区社会创新中心制订下发的《顺德区社会企业培育孵化支援计划》，围绕对该区社会企业的认定、扶持和评价监管等做出了较为详细的指导说明。从其认定条件可以看出，该份文件将社会企业明确定位为企业，并将“促进就业”作为社会企业认定必要条件中业务类型的一种，佛山市顺德区社会创新中心是顺德区社会体制改革的一项创新性尝试。它是一个具有独立法人地位、依法承担公共事务管理和服务职能的公共机构，并非完全意义上的政府职能部门，具有半官方性质。北京大学公民社会研究中心、深圳市中国慈展会研究中心等五家民间机构于 2015 年 9 月召开的第四届中国慈展会上发布的《中国慈展会社会企业认证办法（试行）》是

我国首个民间社会企业认证办法，对社会企业认证条件、评定程序、支持办法等进行了规定和说明。其中，社会企业认定必要条件的组织类型为企业和社会组织，并对七家符合条件的社会企业进行认证，这在我国社会企业发展史上具有里程碑意义。2018年4月，成都市出台了《成都市人民政府办公厅关于培育社会企业促进社区发展治理的意见》（成办函〔2018〕61号）。成都市工商局又陆续出台了《成都市社会企业评审认定管理工作试行办法》《成都市工商行政管理局关于发挥工商行政管理职能培育社会企业发展的实施意见》等系列配套文件，对社会企业的性质进行了界定，明确了认定范围、申请条件和申请材料等，并启动了社会企业评审认定工作，从而使"社会企业"一词被实质性地纳入我国地方政府的官方话语体系。

从国家层面来讲，我国目前并没有专门适用于社会企业的政策和法规。社会企业在我国本土化的雏形可以追溯到社会福利企业。2007年6月，民政部印发的《福利企业资格认定办法》对福利企业资格的认定条件和程序进行了明确规范。社会企业的生成路径主要有两个方面。一是企业，对其行为进行约束的政策、法规主要有《中华人民共和国公司法》《中华人民共和国公司登记管理条例》《中华人民共和国企业法人登记管理条例》《中华人民共和国企业所得税法实施条例》，以及其他相关行政法规和部门规章。二是社会组织，在社会组织的三种主要组织形式中，与社会企业匹配度最高的是民办非企业单位。1998年10月，国务院颁布的《民办非企业单位登记管理暂行条例》明确规定，民办非企业单位是"从事非营利性社会服务活动的社会组织"，不得"从事营利性的经营活动"；2016年9月，国家施行的《中华人民共和国慈善法》明确将"社会服务机构"列为慈善组织的组织形式之一，为了与《中华人民共和国慈善法》的表述相衔接，民政部于2016年对《民办非企业单位登记管理暂行条例》进行了修订，并形成《社会服务机构登记管理条例》《民办非企业单位登记管理暂行条例（修订草案征求意见稿）》，其中将“民办非企业单位”名称改为“社会服务机构”，并将民办非企业单位的定义从“从事非营利性社会服务活动的社会组织”调整为“提供社会服务的非营利性法人”，取消了“不得从事营利性的经营活动”这一条款。由此可见，随着国家对社会组织功能和作用认识的不断深入以及对其重视程度的不断提高，社会组织的管理越来越科学化和规范化。政府对社会组织逐渐放权，社会组织的独立性和自由度越来越大，对政府的依赖性越来越低，社会组织从事营利性经营活动也逐渐得到允许，这些都在一定程度上有助于推动社会组织转型为社会企业。

（二）心智障碍者就业方面的政策法规

在较长一段时期内，我国对心智障碍者就业方面的相关规定是蕴含于整个残疾人就业政策法规体系中的，这套体系的健全和完善主要是在国家政府以及中国残疾人联合会等部门的推动下进行的，其中涉及心智障碍者就业政策法规的主要内容有以下几个方面。

（1）2001年5月，国务院制定出台的《中国残疾人事业“十五”计划纲要（2001年—2005年）》提出：“加快福利企业改革、改组和改造的步伐，完善并落实扶持保护政策，将智力残疾人和精神残疾人列入福利企业残疾职工范围计算比例。”

（2）2006年6月，国务院制定出台的《中国残疾人事业“十一五”发展纲要（2006年—2010年）》指出：“在有条件的地方开办福利性工疗机构、庇护性工厂，为精神病人、智力残疾人就业创造条件。”

（3）2007年6月，中国残疾人联合会发布的《关于进一步做好智力残疾人工作的意见》，从税收优惠、就业援助、扶贫基地、岗位开发以及职业康复等方面针对智力残疾人就业提出了指导性意见。

（4）2007年5月，国务院施行的《残疾人就业条例》是对《中华人民共和国残疾人保障法》的细化，明确指出“禁止在就业中歧视残疾人”，并就残疾人就业的优惠政策、扶持政策和就业援助服务等做了详细说明。

（5）2008年3月，中共中央、国务院印发的《关于促进残疾人事业发展的意见》首次提出“鼓励和扶持兴办福利企业、盲人按摩机构、工（农）疗机构、辅助性工厂等残疾人集中就业单位”的要求。

（6）2008年6月，全国人大常委会发布《关于批准〈残疾人权利公约〉的决定》。《残疾人权利公约》正式在我国生效，这有利于我国进一步维护残疾人权益，尊重残疾人的权利和尊严，推动我国残疾人事业进一步发展。

（7）2008年7月，全国人大修订施行的《中华人民共和国残疾人保障法》明确规定了“国家保障残疾人劳动的权利”，残疾人就业“实行集中与分散相结合”，明确提出“实行按比例安排残疾人就业制度”安排残疾人就业。这部法规的颁布实施对我国残疾人就业具有重要的指导意义，为相关政策制定提供了法律依据。

（8）2011年5月，国务院制定出台的《中国残疾人事业“十二五”发展纲要》提出，“大力推进职业康复劳动项目，促进智力和精神残疾人辅助性就业”和“政府开发的适合残疾人就业的公益性岗位，应优先安排残疾人就业”，辅助性就业概念首次被提出。

（9）2015年2月，国务院印发的《关于加快推进残疾人小康进程的意见》指出:“对残疾人辅助性就业机构的设施设备、无障碍改造等给予扶持，吸纳更多精神、智力和重度肢体残疾人辅助性就业。”同年6月，中国残疾人联合会等八部委联合印发的《关于发展残疾人辅助性就业的意见》，明确辅助性就业是心智障碍者的主要就业安置形式。

（10）2016年国务院印发的《“十三五”加快残疾人小康进程规划纲要》在提出要大力推动和发展集中就业、按比例就业、自主创业和灵活就业等传统就业形式的同时，明确指出“培育残疾人就业辅导员队伍，发展支持性就业”以及“大力发展残疾人辅助性就业和多种形式就业”，使心智障碍者的就业方式日臻完善。

（11）从1991年的《中国残疾人事业“八五”计划纲要（1991年—1995年）》到2011年的《中国残疾人事业“十二五”发展纲要》这五个发展纲要都明确将“坚持社会化工作方法”作为一项重要指导原则。2016年的《“十三五”加快残疾人小康进程规划纲要》的指导方针同样提出要“坚持政府主导与社会参与、市场推动相结合”。

五、文献评述

结合上文对相关研究文献的梳理和分析可以发现以下几点。

首先，在有关社会企业内涵研究方面。无论是欧美国家还是中国，由于各个国家或地区的社会经济条件和国情不同，对社会企业的概念和内涵的认知也各有差异，因此对其定义也有着广义和狭义之分，但对社会企业的本质属性和核心精神的认知基本上是一致的，即都认为社会企业是一种兼具社会和经济双重目的的组织形式，其中商业经营是其手段或工具，社会目标的达成是其根本宗旨；其生成路径和实现形式是多元化的，既有非营利组织采取商业化经营手段，也有企业经营中融入社会目的。

其次，在社会企业的就业促进研究方面。国外在有关社会企业促进就业方面的研究已经趋于成熟，已由单纯的经验实证发展到理论与实证研究并重，并上升到对相关政策创设优化的探讨和分析。而中国现有研究存在理论与经验的脱节，学术研究明显滞后于实践探索，虽然也有学者将两者结合进行相关研究，但更多的是一种描述性分析，对其“应然”性问题的分析缺乏“实然”层面的探讨。

再次，在心智障碍者就业研究方面。国内学者一方面着重对国外经验的借鉴和介绍，另一方面着重对我国心智障碍者就业面临的问题和既有就业模式的探讨和分析。前者的研究导向缺少对我国国情契合性和适应性的反思，后者则缺乏一定的创新性。

最后，从对上述政策法规的简要梳理中不难发现，我国残疾人就业安置方式日渐多元化和社会化，残疾人就业体系不断完善，心智障碍者作为残疾人群体中的特殊群体，政府对其就业观念正在逐步发生转变，其就业需求越来越得到关注和重视。作为心智障碍者的主要就业安置方式，辅助性就业和支持性就业将在实践中得到更多扶持，越来越多的市场和社会主体参与其中，社会企业将是一种重要的参与形式。但是也应该看到，上述政策的指导性和原则性仍然较强，并且需要多个职能部门和政策制度的衔接和配合，以及配套文件给予补充支持，在政策践行中仍然存在一定的困难。

综上所述，我国目前无论是有关社会企业的内涵及其就业促进研究，还是对心智障碍者就业方面的研究都是较为单薄的，对于社会企业促进心智障碍者就业本土理论的探讨和实践研究更是少之又少。但是，鉴于我国目前对心智障碍者就业领域的社会企业探索已经在实践层面先行一步，并且初步展示了一定的适切性，就很有必要基于我国国情探讨社会企业如何在现实中落地、社会企业促进心智障碍者就业的行动逻辑和面临的行为困境及其行为又该如何进一步得到优化，这些问题的探讨和解决对于进一步推动社会企业促进心智障碍者就业具有重要的现实意义。

第三章

社会企业促进心智障碍者就业的行为情境

“行为情境”一词最早由美国心理学家 Barker R.G. 在继承其同事美籍德裔心理学家 Lewin 的生态心理学思想的基础上提出，其基本内涵是指要理解个体或群体的行为，首先就要对其周围环境进行了解，这样才有助于更好地解释行为主体当时的行为。个体或群体的行为是发生在特定情境中的，因此在对社会企业促进心智障碍者就业这一行为进行探讨时，同样不能脱离对外部环境进行考察。本书借“行为情境”一词指代社会企业促进心智障碍者就业的制度环境与社会环境，并在本章中结合社会企业的比较优势特点进行综合性交互分析。

第一节　我国心智障碍者就业的现实困境

就业是大多数成年人生活的中心部分，它给人们提供了经济上自给自足的机会，促进了人与人之间的社会联系，有助于培育人的尊严和自我价值感，并且是一种自我表达的手段（Philip Burge 等，2007）。相反，无论是对于社会还是个人来说，失业都是一个代价非常大的问题：对于社会来说，这将给社会福利体系和经济生产带来很大负担；对于个人来说，这意味着收入受损和工作能力缺失，会对心理健康及其家人产生负面影响（Jessie Koen 和 Ute-Christine Klehe，2013）。世界卫生组织和世界银行在 2011 年联合编制的《世界残疾报告》中认为，就业作为参与社会的方式和摆脱贫困的途径，对残疾人来说具有重要意义。以上这些阐述对于与普通人相比具有较高失业率和常常处于经济被剥夺之中的心智障碍者来说，更易引起共鸣（Rosemary Lysaght 等，2007）。无论是在西方发达国家还是在中国，心智障碍者的劳动力市场占有额的严重不足是一个不争的事实。以我国为例，2006 年第二次全国残疾人抽样调查数据显示，15 周岁及以上的智力残疾人的名义就业率为 37.98%，精神残疾人的名义就业率为 34.08%，多重残疾人的名义就业率为 22.92%，残疾人的总名义就业率为 30.38%。值得注意的是，如果从职业类型和工作时长来分析心智障碍者就业，国外研究显示，很少有被雇佣的心智障碍者从事全职工作，其就业人员中的绝大部分是在服务类行业，且只能获得较低的工资薪酬和较小的发展空间（Philip Burge等，2007）。事实上，这些现实问题也是世界各国在推动心智障碍者就业过程中面临的共同困境和难题。因此，面对如此庞大的心智障碍者就业群体，势必要制定有效的就业保护政策和建立多元化的就业服务模式。那么，我国心智障碍者就业促进状况究竟如何，又面临着哪些困境与问题？本书对此将进行详细解读。

一、就业转衔服务的迟滞性发展

与普通人相比，由于心智障碍者在情绪认知以及个性行为特征等方面存在或多或少的障碍或缺陷，在人生的各个发展阶段都会面临不同程度的困难，使其不能很好地独立生活、融入社会和适应工作，因此在就业前对心智障碍者进行转衔教育和干预是尤为必要的，其中适合且有效的就业转衔服务是帮助心智障碍者成功实现就业的重要条件。在进行深入探究之前，有必要厘清“就业转衔服务”的基本含义。根据2004年美国《残疾人教育促进法案》的定义，转衔服务是指“为残疾儿童开展的一系列相互配合的活动，这些活动包括：①以结果为导向，着重提升发展残疾儿童从学校到离校后的学业和技能，包括高等教育、职业教育、融合性就业（包括支持性就业）、继续成人教育、成人服务、独立生活或社区参与；②以需求为导向，考虑残疾儿童的优势、喜好和兴趣；③包含教学、相关服务、社区经历、就业发展和其他离校后的成人生活目标以及适当的日常生活技能和功能性职业评估等”。可见，转衔服务主要是在尊重残疾儿童个性化需求的基础上，对其进行系统性和专业化的生涯辅导和安置，这些活动贯穿推动残疾儿童顺利实现时空转换的整个过程。依据上述对转衔服务的分析，可将就业转衔服务定义为：在心智障碍者从学校阶段向就业阶段转变的过渡时期，为使其能够顺利融入、参与和适应就业后的生活而提供的系列生涯辅导和相关支持性服务。就业转衔服务的基本内容主要有：强调对自我决定和自我倡导能力的培养；在真实的社区工作环境中进行实践活动；功能性课程；学校和成人服务机构的系统合作以及家庭的参与和支持（冯帮、陈影，2015）。不难看出，就业转衔服务的核心就是要突出个性化、合作化、持续性以及实践性特点。

对照上述阐析，我国目前开展的心智障碍者的就业转衔服务虽然在某些方面比较完备，如职业技能培养，但整体来看，服务体系依旧不够完善，并且与实践脱节较为严重。这主要表现在以下方面。①就业视角的问题趋向。长期以来，由于对心智障碍者关注更多的是其障碍或缺陷，在参照残疾等级或进行职业评估分类后，常常将其定位于某个特殊行业后再进行针对性职业技能培训，无形中限制了心智障碍者的职业潜能和就业就会。②职业技能培训的非常态化。目前，无论是公立还是民办的心智障碍者职业培训机构，大多面临人力、财力、实训单位等资源不足的问题。为了缩减成本，针对心智障碍学员开展的模拟训练、全封闭训练、以人定职训练以及集中训练，都不能很好地做到从心智障碍学员本身出发，帮助其开启生涯教育，致使其中部分学员进入实际工作环境时仍然存在诸多不适。③服务内容重技能轻心理。与正常人一样，心智障碍者不仅需要就业和生活技能，也面临人际关系及心理困扰等问题，只是其在自主或独立处理这些问题时面临更大的障碍。然而，目前的就业转衔服务内容主要集中于对心智障碍学员的生活和职业技能培养，却不同程度地忽略了对心智障碍学员的心理调适和人际社交等问题进行必要的指导和支持。④利益相关者合作不力。在整个心智障碍者就业转衔服务过程中，涉及的利益相关者主要有政府部门、各级残联、培智类学校（机构）、用人单位、家庭以及社区等。如前文所述，多方合作是就业转衔服务的核心特征，然而目前我国的就业转衔服务似乎主要是家长、残联和培智类学校（机构）的事情，其他主体明显积极性不高、参与度不足，致使在此种情况下制定出的就业转衔服务方案的有效性和持续性较差。此外，我国心智障碍者就业转衔服务还存在专业人员缺乏、资金投入不够、大众接纳度较低以及社会支持力度不足等诸多限制和困境，在这些因素的综合作用下，我国心智障碍者就业转衔服务发展将是一个漫长和艰难的过程。

二、就业促进政策的乏力与失衡

我国政府历来重视残疾人就业保障工作，在《中华人民共和国宪法》《中华人民共和国残疾人保障法》《中华人民共和国就业促进法》和《中华人民共和国劳动法》等基础上，先后出台了一系列有关残疾人就业促进的专门法律法规、政策制度等，如《残疾人就业条例》《中共中央、国务院关于促进残疾人事业发展的意见》《中国残疾人联合会、国家发展和改革委员会、民政部等关于发展残疾人辅助性就业的意见》《国务院关于加快推进残疾人小康进程的意见》《残疾人就业保障金管理暂行规定》《财政部、国家税务总局关于促进残疾人就业税收优惠政策的通知》等。这些法律法规和政策制度基本上初步构建并形成了较为完善的残疾人就业促进政策体系，这套体系的内容主要涉及就业岗位开发、优惠扶持措施、就业保障金缴纳以及就业服务机构、信息网络和无障碍建设等。由于心智障碍属于残障的一种，因此目前我国除了《中国残疾人联合会关于进一步做好智力残疾人工作的意见》外，其余有关心智障碍者就业的相关规定主要是依据上述有关残疾人的相关法律法规和政策落实执行的。

总体来看，我国残疾人就业促进政策体系包含残疾人就业保护政策、残疾人就业援助政策、残疾人就业服务配套政策三个层面（徐琳，2010）。这套政策法规体系通过发挥政府的主导作用，虽有效保障了残疾人的劳动就业权益，提升了残疾人的就业水平，但从促进心智障碍者就业这一角度来说，这套体系存在的局限性主要体现在以下几个方面。

（一）对心智障碍者倾斜性保护程度不够

第二次全国残疾人抽样调查统计数据显示，除身体移动能力外，心智障碍者在理解和交流能力、生活自理能力、与人相处能力、生活活动能力以及社会参与能力等方面的受限人数比例与障碍程度水平都大于其他四类残疾（第二次全国残疾人抽样调查办公室、北京大学人口研究所，2008），他们能从事的职业种类和岗位所受限制也最大，这就潜在要求针对其特殊就业需求制定专门的就业促进政策。然而，我国目前的残疾人就业政策是立足于残疾人“大就业”下制定的，主要面向的是全体残疾人，尚未体现政策差异性。

（二）法规政策原则性较强，行动主体参与其间联动不够

残疾人就业促进政策的制定和实施直接涉及残联、民政、工商、税务以及财政等多个政府部门或团体，同时还需要用人单位、培智类学校（机构）以及家庭等的辅助和支持配合。但是，由于相关政策的规定多是原则性的，在具体实施时自由度较大，在涉及自身利益或与自身利益无关时，容易出现积极性不高以及推诿扯皮现象，如有些政府机关及事业单位不愿意缴纳残疾人就业保障金及公务员考试中不愿招录残疾人等，致使相关政策流于形式，执行力较差。

（三）政策制定的需求方（用人单位）趋向较重

目前，残疾人就业促进政策体系虽然涉及内容较为全面，但实质上更多的是围绕就业岗位设置与开发制定的，尤其是尝试以强制征缴就业保障金的形式来保证岗位设置的常态化。相比较而言，围绕职业康复等

旨在提升就业能力的配套政策却较为薄弱。如果从供需双方来看，这套体系的指导及实施效果显然是不均衡的，一方面是残疾人就业能力的提升不够；另一方面是用人单位被强制，导致供需双方都不满意。残疾人生产效率低下，对残疾人的排斥歧视心理并未得到实质性改变。

三、就业安置[①]方式的适切性差

（一）我国残疾人就业安置方式及政策演变

我国残疾人就业安置方式的转变与国家经济体制改革是密切相关的。在计划经济时期，我国残疾人就业安置的主要方式是集中就业，最初开始于20世纪50年代的城市生产自救小组或工厂，后来随着经济的发展逐渐演变为公办社会福利企业，以及在20世纪80年代末90年代初与公办福利企业削减相伴随的民办社会福利企业的兴起（马超英，2009）。到1988年，中国累计兴办城乡福利企业40496家，安置残疾人员65.9万人就业（奚从清、沈庚方，1990）。到“八五”期末，全国福利企业稳定了93万残疾人在其中就业。[②]

20世纪90年代，随着社会主义市场经济体制改革的发展，大量福利企业因生产经营不善而破产或倒闭。1996年，我国福利企业的数量第一次出现减少，之后10年间福利企业大量倒闭（尚珂、梁土坤，2011）。残疾人集中就业的保障功能式微，我国开始探索残疾人按比例

① “安置”一词更具有被动意义，笔者在访谈中发现，访谈对象对该词的使用并不欢迎，本书为了与相关文献及法规政策保持一致暂且使用，但对其持保留意见。

② 数据来源：《中国残疾人事业“九五”计划纲要（1996年—2000年）》。

就业的分散就业安置方式，并在1990年颁布的《中华人民共和国残疾人保障法》中从法律层面有所体现，即机关、团体、企事业组织、城乡集体经济组织，应当按一定比例安排残疾人就业，并为其选择适当的工作和岗位。1992年，国家计委、原劳动部、民政部和中国残联联合下发《关于在部分城市开展残疾人劳动就业服务和按比例就业试点工作的通知》，决定在上海、广州等地进行残疾人按比例就业试点工作。截至2005年底，按比例就业制度在全国范围内基本实施（廖娟，2015）。2007年颁布的《残疾人就业条例》第八条明确提出：用人单位安排残疾人就业的比例不得低于本单位在职职工总数的1.5%。2008年修订后的《中华人民共和国残疾人保障法》第三十三条更是明确指出："国家实行按比例安排残疾人就业制度。"自此，按比例就业作为残疾人就业的一种重要形式，被明确作为一项国家制度确定下来。

然而事实上，集中就业和按比例就业仅为我国残疾人多元化就业形式中的两种。从表3.1中可以看到，在我国城镇每年新安排残疾人就业人数中，个体就业及其他形式灵活就业所占比例显然高于另外两种就业形式比例，这一比例达到四成以上。这不仅与我国政府对残疾人自主创业、自主择业和自主就业的制定和实施涵盖税收、贷款以及场地等诸多优惠政策有关，更主要的原因是新的就业方式如公益性岗位就业和辅助性就业等元素的参与。尤其是近年来随着网络技术的发展，互联网就业成为更多残疾人就业的新选择。截至目前，我国残疾人就业安置的主要方式有集中就业、按比例就业以及个体就业及其他形式灵活就业。

表 3.1 1996—2015 年我国城镇新安排残疾人就业人数及比例

单位：万人、%

年份	人数	集中就业		按比例就业		个体就业及其他	
		人数	比例	人数	比例	人数	比例
1996	16.2	5.2	32.1	2.5	15.4	8.5	52.5
1997	16.0	4.3	26.9	4.6	28.8	7.1	44.4
1998	24.7	6.3	25.5	5.2	21.1	13.2	53.4
1999	25.9	6.2	23.9	5.8	22.4	13.9	53.7
2000	26.9	7.1	26.4	7.2	26.8	12.6	46.8
2001	27.5	7.5	27.3	6.6	24.0	13.4	48.7
2002	30.2	8.5	28.1	7.1	23.5	14.6	48.3
2003	32.7	9.8	30.0	8.4	25.7	14.5	44.3
2004	37.8	10.9	28.8	8.8	23.3	18.1	47.9
2005	39.1	11.0	28.1	11.4	29.2	16.7	42.7
2006	36.2	10.3	28.5	9.9	27.3	16.0	44.2
2007	39.2	11.9	30.4	11.5	29.3	15.8	40.3
2008	36.8	11.3	30.7	9.9	26.9	15.6	42.4
2009	35.0	10.5	30.0	8.9	25.4	15.6	44.6
2010	32.45	10.2	31.4	8.6	26.5	13.7	42.2
2011	31.8	9.7	30.5	7.5	23.6	14.6	45.9
2012	33.0	10.2	30.9	8.0	24.2	14.8	44.8
2013	36.8	10.7	29.1	8.7	23.6	17.4	47.3
2014	27.8	7.6	27.3	7.0	25.2	13.2	47.5
2015	26.3	6.8	25.9	6.6	25.1	12.9	49.0

数据来源：1996—2000 年数据来源于《中国残疾人事业“九五”计划纲要执行情况统计公报》；2001—2005 年数据来源于《中国残疾人事业“十五”计划纲要执行情况统计公报》；2006—2015 年数据来源于《2006—2015 年中国残疾人事业发展统计公报》。

（二）心智障碍者就业安置形式的比较阐析

在较长时间内，我国并没有专门适应心智障碍者的就业安置形式，与其他残疾人一样，心智障碍者的就业方式主要是集中就业、按比例就业、个体就业及其他形式灵活就业和公益性岗位就业等。这些集中就业单位主要有工（农）疗机构、辅助性工厂、庇护工厂、福利企业等。虽然工（农）疗机构主要面向心智障碍者中的精神残障人群，但此类机构的功能更主要的是康复治疗，而辅助性工厂和庇护工厂则是以生产劳动融汇康复训练为主要功能的托养照管服务。至少在目前来说，这三类机构（工厂）更多的只是一种具有公益性和基础保障性的服务形式，不能为心智障碍者提供真正意义上的就业，心智障碍者仍然不能以平等参与的方式有尊严地就业。

福利企业从组织属性来说是企业，而且一般而言，福利企业会配备专门负责残疾人生产、生活的管理人员（马超英，2009）。因此，福利企业是心智障碍者就业的理想选择，但这种就业方式实际上是一种庇护性就业。它在现实操作中主要面向肢体残疾和听力语言残疾等普通残疾人群体，是以承认残疾对经济生产有影响为前提，并在此基础上以享受减免税为补偿而存在的企业（莫明，1995），而且就目前情况来看，福利企业的经营范围过于单一且生产手段差，不仅没有消除反而容易增加人们的歧视和偏见，这种就业方式显然不适合心智障碍者。

按比例就业作为国际社会普遍采用的一种就业方式，通过强制征收就业保障金的方式来强化全社会共同承担残疾人就业的责任意识，推动残疾人与非残疾人一起平等参与经济生产，这种就业方式可以看作一种没有就业辅导员的支持性就业。但在我国目前来说，由于许多企业的社会责任担当意识尚未完全树立，因此对于大部分企业来说，容易出现两种倾向：为了逃避就业保障金的“挂靠”以及招录残疾人时障碍等级的轻度趋向。这些对于心智障碍者来说，显然较其他类型残疾人的就业形势更为严峻。

个体就业及其他形式的灵活性就业方式实际上可以看作一种竞争性就业，对于缺乏独立自主生活能力的心智障碍者来说显然是不适宜的。而对于公益性岗位就业来说，虽然《残疾人就业条例》明确规定：县级以上人民政府应当采取措施拓宽残疾人就业渠道，开发适合残疾人就业的公益性岗位，保障残疾人就业，但在公益岗位开发意识不强、弱势群体就业需求较多的情况下，专门面向残疾人特别是心智障碍者的就业岗位就难以得到有效保证。

综上所述，对我国现阶段残疾人就业安置方式进行比较后可以发现：集中就业是处于基础性救济保障阶段的就业形式；按比例就业是处于强制性平等参与阶段的就业形式；个体就业及其他形式的灵活性就业是处于竞争性平等参与阶段的就业形式。对于心智障碍者来说，这些就业形式并没有充分考虑其身心特征；从就业模式来说，竞争性就业显然不适合绝大多数心智障碍者。对于心智障碍者而言，亟须一种既具有保护性又具有融合性的就业方式，社会企业也许是一种更适宜的选择。

第二节　社会企业促进心智障碍者就业的比较优势

从欧美国家及我国港台地区的经验来看，社会企业在兴起之初主要是致力于解决社会弱势群体的就业问题，促进人类生活质量乃至社会质量等福祉的提升，如在20世纪70年代，社会企业第一次被定义为“非营利组织运用商业运作的方式为劣势群体、无家可归者以及其他高危群体创造就业机会”（Alter S.K.，2002）。其中，最具代表性的莫过于2006年度诺贝尔和平奖获得者、孟加拉国经济学家穆罕默德·尤努斯创办的格莱珉银行，其主要通过提供小微信贷的形式帮助贫困妇女就业创业。有关数据显示，截至2015年10月，格莱珉银行共为860多万贫困人口提供了帮助，其中女性多达830多万人。[①]社会企业虽然在我国起步和发展较晚，但结合对本书前文内容的了解不难发现，我国政府非常重视残疾人劳动就业事业，在推动残疾人就业方面发挥了基础性、关键性的主导作用。另外，福利企业作为我国目前残疾人就业安置的一种重要形式，在某种程度上可以被看作社会企业的本土雏形。但是，在残疾人的“大就业”背景下，作为残疾人群体的一个重要类别，心智障碍者的就业却面临政府社会保障不足、社会歧视和误解较大、社会组织有心无力以及企业社会责任意识不强等诸多困境，亟待解决。社会企业作为一种兼具社会与经济双重目的的组织形式，其在参与促进心智障碍者就业方面与政府、非营利组织及企业等主体相比，存在哪些比较优势与特点将是本节所要探讨的问题。

一、心智障碍者就业模式的比较阐析

如前文所述，从全球经验来看，残疾人的就业模式大致可以分为庇护性就业、支持性就业和竞争性就业三种类型。基于心智障碍者自身特征

① 数据来源：Monthly Reports10-2015，http://www.grameen-info.org/monthly-reports-10-2015/。

的考虑，促进其参与竞争性就业这种就业模式并不适用于心智障碍者。

庇护性就业是心智障碍者就业的一种常见模式，它大致可以分为两种类型：一种是过渡性庇护就业，另一种是延展性庇护就业（John Kregel，David H.Dean，2002）。过渡性庇护就业旨在在一个隔离的环境中为庇护对象提供职业培训和工作经验，而且这些培训和经验是其后期参与竞争性就业所必需的能力；延展性庇护就业则是在一个隔离的环境中，为那些没有能力参与竞争性就业的庇护对象提供长期或永久性的工作场地安置，并提供一定的薪酬（Tsu-Hsuan 等，2009）。庇护性就业虽有两个显著特征，但这两个特征却成了该模式的最大短板：一个是隔离的工作环境，不利于庇护对象实现融合性就业；另一个是较低的或不可持续的工资薪酬，不能为庇护对象的生存成长提供经济保障。

在过去的几十年里，随着融合性就业运动的风起云涌，支持性就业逐渐引起社会的关注，并被社会所熟知。它着重提供真正的工作和固定的薪酬待遇，同时也意味着一种转变，即个体从在日间照料中心或庇护工厂为将来进入劳动力市场所做的“培训—就业”模式转变为“就业—培训”模式（Cristina Jenaro 等，2002）。在欧美国家，支持性就业的有效性促使越来越多的普通公司开始雇佣残疾人。据估计，70% 的心智障碍者有工作意愿，其中大概有 60% 的心智障碍者可以通过支持性就业服务实现成功就业（Radhiahtul Akmal Razali 等，2015）。在我国，支持性就业作为新生事物刚刚起步。作为一种特殊形式的就业，支持性就业特殊性的重要表现之一是“就业辅导员”的岗位设置，这无疑需要一笔专项经费支出给予充分保障。此外，由于社会大众对残疾人存在就业歧视以及我国企业的社会责任意识尚未充分培育完成等因素，我国心智障碍者的支持性就业工作必将需要一个长期的融合过程。

通过上述比较与分析可以看到，在探索和推动心智障碍者就业的过程中，我们要正视心智障碍者就业形式的特殊性，既不能“一刀切”地套用普通残疾人的就业模式，也不能不顾我国基本国情完全照搬西方欧美国家的做法。此外，无论是庇护性就业还是支持性就业都各具优缺点，从长远来看，支持性就业是心智障碍者就业的重要发展趋势，但即使在西方国家，这种转变的融合过程也才刚刚开始。

二、社会企业的“比较优势”及实践特点

社会企业作为一种创新型的组织形式，几乎与“支持性就业”的概念同时被提出。虽然两者的生成逻辑不尽相同，但两者的社会目标却有着异曲同工之处，其本质是通过提高就业率来达到减缓贫困的目的。庇护性就业是由政府主导的集中就业模式，支持性就业是由市场主导的分散就业模式，如前文所述，两种就业模式虽各有优缺点，但支持性就业的缺点主要是外在的、观念性的，一旦对其进行转变和克服，将是心智障碍者就业的重要发展趋势。社会企业兼具社会与经济双重目的，是在从庇护性就业向支持性就业转变过程中，兼具政府和市场两个部门都不具备的“比较优势”的新型就业组织形式。

社会企业是将企业的商业模式创新与社会创新紧密结合的组织类型和可持续性商业模式，从一定程度来说，社会企业是我国“第三部门”发展的必然趋势（丁敏，2010）。第三部门是官方政治领域和市场经济领域之外的民间公共领域，它既不属于政府部门（第一部门），又不属于市场系统（第二部门）（俞可平，2006）。英国两位著名的社会政策学者大卫·比尔斯和霍华德·格伦内斯特在探讨志愿部门，或者备受关

注的第三部门的“比较优势理论”时指出，“志愿部门的人类服务机构，在对某些类型的消费者提供服务时，具有一些比营利性部门和公共部门更具比较优势的特点，而这种比较优势就在于其‘特别含糊且混合的结构’”。正是由于这种结构的“模糊性”使志愿部门显示出一种“扩张性”（唐钧，2012），因此，在中国社会企业是志愿部门或者说是第三部门的重要组成部分，它的比较优势也正在于其社会使命与商业运作模式的有机混合，这种独特的体系结构特别有助于为心智障碍者就业持续性地提供融合性服务。

通常来说，社会企业是着眼于某一具体的社会问题，并以有效解决为目标，虽然按照传统营利性企业的运作模式追求利润最大化，但所得利润除了用于冲抵运营成本外，结余部分不用作或有限用作分红，通过利益相关者共同参与下的民主管理实现可持续发展的组织形式。社会企业的目标是既获得利润又达成社会目的，并且受非营利理事会的管理（Elaine E. Katz，2014）。从本质来讲，社会企业是更接近企业的非营利组织，或者说社会企业是传统营利性企业与非营利组织相互交融的产物（高传胜，2015）。具体说来，首先，社会企业是“非营利的”，它的最终目标是改善某一贫弱群体的生存发展处境，其创办者或所谓的股东分红和谋利以及实现“利益最大化”的市场动机是弱化的，只是采用企业运作的模式直接参与市场竞争。其次，社会企业的“民间性”不同于政府部门的“为民负责”和市场部门的“股东至上”，社会企业由于没有明确和固定的职责权限，因此可以充分利用自己的“民间”身份充当“社会试验品”。再次，社会企业经费来源的“商业化运作”。政府部门的经费来源主要是财政拨款，其持续性获得主要依靠强制性，而传统社会组织的经费来源主要是社会捐赠，其持续性获得主要依靠志愿性。从本质上讲，政府部门和传统社会组织的经费获得都是无法保持可持续性的，而社会企业主要通过商品交易或提供服务获得经营性收入，其持续性获得主要依靠市场，通过自觉遵循和利用价值规律来推动事业的永续发展，这与传统企业是共通的，不同之处主要是后者在产品营销上一贯秉持利润最大化原则。最后，社会企业经营管理的“民主性”。不同于政府部门的科层制以及传统企业资本主导下的股东制，社会企业在经营管理方面更加强调利益相关者的共同参与和民主治理。由此可见，正是上述特点使社会企业更适合参与促进心智障碍者就业。它不仅保留了传统社会组织的社会效应使命和非营利特征，还提供了适合心智障碍者身心特征的就业岗位，开发和优化产品营销策略来获取经营性收入，以此推动和保障事业的永续发展。

第三节　社会企业促进心智障碍者就业的需求空间

社会企业是为了回应一定的社会问题产生的，从供求视角来看，这些社会问题之所以产生并且不能有效加以解决，在一定程度上是因为供给方与需求方的低位或错位匹配导致的，心智障碍者就业问题也概莫能外。造成这种低位或错位匹配的原因是综合性的，对其所采取的一系列因应行动也是在一定的场域进行的，并受政治、经济、社会、文化、制度等多种因素的影响与制约，而这些因素的作用大小是不同的。结合本书，就要求我们在对社会企业促进心智障碍者就业的行为进行考察时，不仅要着眼于其自身特性，更要立足于其需求背景。本节将主要从制度与社会两个层面对社会企业的需求空间加以分析。

一、社会企业促进心智障碍者就业的制度空间

在较长时间内，由于深受医疗模式残疾观的影响，心智障碍者因被视为在生理、心理或人体结构上存在“缺陷”而失去了像正常人一样以正常方式参与正常活动的能力。与此同时，在强调家庭伦理的儒家文化思想和强调国家补救作用的意识形态等的综合作用下，为残障人士尤其是心智障碍者提供长期照顾和支持也就成了家庭不可推卸的责任，国家则提供补救性援助。直至今日，从一般意义上说，我国针对残疾人的照顾和服务原则上实现了由道义性向制度性的转变，但正如前文所述，到目前为止，我国尚未制定或出台一部专门针对心智障碍者照顾与服务的制度法规，绝大多数心智障碍者仍然待在家里，即所谓的以家庭安置模式为主，少数被安置在社会福利机构和社会组织内，极少数能够获得正规就业岗位。近年来，随着我国经济社会转型和全面改革的不断深入，在国际残疾人观从医疗模式向社会模式转变的过程中，这些制度转变和政策漏洞为建立和完善心智障碍者照顾和服务体系，以及推动心智障碍者就业提供了很好的发展契机。

（一）心智障碍者正常化、社会融合及共享发展的价值理念

我国心智障碍者的就业安置虽然起步较晚且地区差异较大，但经过几十年的发展，我国心智障碍者的就业安置仍然取得了极大发展，在汲取国际经验和积累本国经验的基础上，我国基本上确立了正常化、社会

融合及共享发展的基本价值理念，用于指导推进心智障碍者的就业安置工作，切实提高心智障碍者的社会质量。

在20世纪40年代以前的较长时间，心智障碍者主要被安置在大型机构获得隔离性服务。仔细探究“正常化”这个社会政治概念的起源，可以追溯到1943年的瑞典。是年，瑞典某政府委员会做了一项关于为残障人士提供就业机会和自立方法的调查，在提交的建议中，该委员会不仅建议通过采取措施为“有部分能力的人”（partially ablebodied）提供和增加就业机会进而获得收入，助其实现自给自足，而且主张残障人士应该有权利享受提供给普通人的服务，即所谓的“生活条件的正常化”；同时提出了“正常化原则”，即“有部分能力的人应尽可能地被纳入正在完善中的社会服务体系”，从而使它作为社会政治理念被用于指导和开展工作（Kent Ericsson，1985）。应该说，这一概念的提出无论对心智障碍者还是对整个社会而言，都具有突破性的意义和影响。它作为重要的指导思想，意味着对隔离的机构生活和服务系统的否定，由此开启了一场“去机构化”运动。在美国，“正常化”这一概念最早是由瑞典学者本特·尼耶（Bengt Nirje）在接受美国学者沃尔夫斯伯格邀请开展院护照顾项目合作时引入的（Kerri Phillips，2014），并逐步通过法律条文的形式得以体现，这些举措最终导致了对心智障碍者从医疗和机构照顾到基于社区提升生活质量的个性化支持的重大转变，开启了美国的正常化运动（Laurie E.Powers 和 Jo-Ann Sowers，2006）。

20世纪80年代末90代初，“社会融合”概念的提出在某种程度上可以看作对“去机构教养化”“回归主流”“正常化”理念的发展和代替。社会融合的起源可以追溯到“正常化”原则，“正常化”所倡导的“残障人士应该平等参与社区的日常活动，包括住有所居、拥有就学或工作权利、自我选择和决定业余时间以及建立包括正常人在内的社会支持网络”（J. J. McDonnell 等，1995），为社会融合提供了基础性框架。社会融合是一种生活方式，保持这种生活方式的人都是积极主动参与生活，而不是被动观察或对他人的决定被动接收。因此，社会融合主要通过以下方式提升生活品质：①对个体增权，以料理自己的生活；②为个体提供选择生活的机会；③赋予个人社会政治权力来捍卫他们的选择（Adelle Renzaglia 等，2003）。随着联合国于 1982 年 12 月通过的《关于残疾人的世界行动纲领》，于 1993 年 12 月通过的《残疾人机会均等标准规则》以及于 2006 年 12 月通过的《残疾人权利公约》三部极具代表性的有关残疾人问题的公约或决议的相继颁布实施，尤其是《残疾人权利公约》对其缔约国具有法律约束力，使国际社会推动残疾人社会融合的实践不断得到实质性深入。

虽然关于残障人士无论是“正常化”，还是社会融合服务理念的发展及其演变过程，都主要是西方国家进行了较为完整的描述与阐释，但是作为负责任的大国，中国政府一直尤其是自 20 世纪 80 年代以来，始终秉持“平等、参与、共享”的理念并将其作为我国新时期残疾人事业的崇高目标加以实现（张宝林，2007）。若对其进行细化分析可以发现，这与“正常化”和社会融合的服务理念在实质上是一脉相承的。从 2010 年 3 月国务院颁发的《关于加快推进残疾人社会保障体系和服务体系建设的指导意见》到 2015 年 1 月国务院印发的《关于加快推进残疾人小康进程的意见》，均是从立足保障和实现残疾人合法权益、推动残疾人平等参与社会生活以及促进残疾人融入主流社会的角度出发加以制定和颁布实施的。中共十八届五中全会提出牢固树立共享的发展理念，支持残疾人事业并聚焦发展中的短板，加强和健全残疾人帮扶服务体系。心智障碍者作为残疾人群体中极为特殊的社会群体，无论是发端于西方的“正常化”“社会融入”等服务理念，还是我国政府一贯倡导的“平等、参与、共享”理念，都对弥补这个特殊群体的“制度缺位”具有重要的指导意义。

（二）国家、社会及家庭“三位一体”的支持保障功能缺失

心智障碍者是特别需要社会保障的残疾人群体。从保障主体的角度来看，立足既有研究成果（曾凡林，2006；赵春鸾，2008；李敬，2012；林静新，2013）和现实需要，这项支持保障责任需要政府、社区、单位、家庭、社会组织乃至个人合力承担。然而，抛开狭义上的心智障碍者不谈，从广义上说，残疾人群体处于社会保障严重缺失阶段的主要影响因素有：个人与家庭负责的传统观念、整个社会保障制度建设的滞后、政府投入不足与社会资源调动乏力、对社会保障体系缺乏总体规划以及对残疾人社会保障缺乏合理定位等（郑功成，2008）。具体来讲，心智障碍者乃至残疾人就业保障的主体性缺失主要是指政府缺位与制度缺失、社会化服务支持系统弱化以及家庭照顾乏力。

1. 政府缺位与制度缺失

若将底线公平视为社会保障的基本理论，那么政府所承担的责任主要是确保底线公平的兜底性，以及对底线以上部分责任承担主体的强制性。可以看到，中华人民共和国成立后尤其是改革开放以来，我国包括心智障碍者在内的残疾人群体的生存条件、发展状况及保障水平等都取得了较大程度的改善和提升，但仍然存在制度性缺陷，主要体现在残疾人特惠保障、特供保障、均衡保障和服务保障的体系性缺失等方面（余

向东，2011）。残疾人社会福利保障制度缺失的根本性原因在于政府的缺位，进而导致我国残疾人社会福利事业缺乏统筹性、规范性与普惠性（郑功成，2013）。

从行政管理角度来看，各级残联组织是残疾人服务与管理的主管协调部门，在中央层面主要有中国智力残疾人及亲友协会和中国精神残疾人及亲友协会为心智障碍者及其家庭提供援助，履行代表、服务、管理职能。然而，在实施过程中各级残联组织却受制于财政、民政、卫生以及教育等诸多行政部门，作为社会团体能够调动的资源相当有限。从政策制度的制定角度来看，我国在残疾人就业服务方面的专门法律法规仍然偏少，已经颁布实施的法律法规也存在立法层次低、原则性强、稳定性差等问题。尤其对于心智障碍者而言，几乎没有立足其特殊的身心特征做出个性化、人性化的制度设计与安排，针对他们的服务管理制度主要是嵌入一般的残疾人服务管理制度体系之中的，也正因为在政策制度创设中缺乏对残疾人进行科学合理的分类服务管理理念，心智障碍者独特的身心特征在一定程度上被普遍性和平均化，致使他们的特殊需求被掩盖或忽视。此外，残疾人就业服务机构逐渐式微。以福利企业为例，2006—2015 年，机构数量从 30199 个减少到 15000 个，吸纳残疾职工数大致从 55.9 万人缩减到 42.9 万人（见表 3.2）。再者，我国从事残疾人就业服务的专业技术人员匮乏，尤其心智障碍者更需要借助专业技术人员的康复训练才能恢复和提升其基本的生活、就业技能，但由于目前缺乏系统的用于指导和保障残疾人专业技术人才队伍建设的政策机制，因此心智障碍者就业服务的专业性成为亟待解决的制度难题。

表 3.2　2006—2015 年我国福利企业及吸纳残疾职工就业情况

单位：个、万人

年份	福利企业数量	福利企业职工数量	年份	福利企业数量	福利企业职工数量
2006	30199	55.9	2011	21507	62.8
2007	24974	56.3	2012	20232	59.7
2008	23780	61.9	2013	18227	53.9
2009	22783	62.7	2014	16389	47.9
2010	22226	62.5	2015	15000	42.9

数据来源：根据民政部 2006—2009 年《民政事业发展统计公报》和 2010—2015 年《社会服务发展统计公报》整理。

2. 社会化服务支持系统弱化

残疾人就业不仅需要技能培训等职业支持，而且需要与职业适应、维系相关的康复医疗等专业支持，以及来自亲友、同事等的自然支持。对于心智障碍者而言，更需要一套健全完善的社会化服务支持系统，这套系统的建设过程也是政府职能转变、社会资源重组和整合的过程。中华人民共和国成立后，为了充分体现社会主义制度的优越性，我国政府对社会保障制度建设高度重视，虽然几经波折，但在改革开放前实施的这套由国家保障制、单位（或企业）保障制和乡村集体保障制组成的社会保障制度，具有以国家为直接责任主体，以就业保障为核心，劳动分配与福利分配相结合，并与计划经济体制相适应，按照城镇与乡村二元化方式进行设计和实施，覆盖全部社会成员的特点（郑功成，2000）。对于残疾人而言，作为社会保障制度的重要组成部分，城市主要通过社会救济和举办社会福利机构和福利企业的方式为残疾人提供保障，农村通过“五保”制度和农业生产合作的方式为残疾人提供必要的保障。显然，这套“国家—单位”型的福利制度安排为包括残疾人在内的所有城乡居民提供了一张较为严密的社会安全网。在这种制度安排下，对于满足残疾人的就业和社会保障两种最基本的需求以及教育、康复乃至职业技能培训等需求都由国家独立承担。改革开放以后，我国逐步进入经济社会双重转型期并进入改革的深水区和攻坚期，无论是城镇地区的单位制福利保障，还是农村地区集体性质的福利保障都失去了先前的基础，也正是由于这种转型过程尚在继续，“小政府、大社会”下的新型社会保障及社会福利体系尚未系统构建起来，整个社会保障及社会福利服务供给能力正在逐步提升和完善，致使推动残疾人就业的社会化服务支持系统在服务供给和就业现实需求之间存在的断裂尚不能有效解决。虽然近年来中央和相关职能部门相继出台了系列政策法规，以保障和推动残疾人乃至心智障碍者就业的社会化服务支持系统建设，党中央先后制定的《中国残疾人事业“八五”计划纲要（1991年—1995年）》《中国残疾人事业“九五”计划纲要（1996年—2000年）》《中国残疾人事业“十五”计划纲要（2001年—2005年）》《中国残疾人事业“十一五”发展纲要（2006年—2010年）》《中国残疾人事业“十二五”发展纲要（2011年—2015年）》都将“坚持社会化工作方法”作为一项重要的指导原则加以明确规定;《“十三五”加快残疾人小康进程规划纲要》同样明确提出“坚持政府主导与社会参与、市场推动相结合”的指导方针，主张通过鼓励和引导社会力量参与，充分开发社会资源支持推动残疾人乃至心智障碍者就业保障和服务能力的提升。《智力残疾康复“十一五”实施方案》中将“建立健全社会化工作体系”作为主要措施加以明确提出;《智力残疾康复“十二五”实施方案》中在“加快康复服务体系建设”部分提出了要“完善社会化康复服务网络”。此外，自1991年《中国残疾人事业“八五”计划纲要1991年—1995年》提出要“探索建立社会化、开放式的精神残疾防治康复体系”以来，经过几十年的努力，我国已经逐步形成一套较为完善的"社会化、综合性、开放式"的精神病防治康复工作模式，在帮助精神病患者治疗康复、回归正常生活、实现正常就业方面取得了实质性成效。尤其是2013年9月国务院办公厅《关于政府向社会力量购买服务的指导意见》和2014年4月财政部、民政部等六部委《关于做好政府购买残疾人服务试点工作的意见》两个指导性文件的出台，使我国残疾人乃至心智障碍者就业的社会化支持服务系统建设迎来了难得的发展契机。

总的来说，随着近些年政府职能逐渐转变和权责关系的逐步清晰，推动残疾人就业的社会化服务支持系统建设的政策思路更加明确，但由于全社会对残疾人尤其是心智障碍者存在认知误区，社会化服务支持系统建设主体培育力度和专业化程度不够，加之相关政策制度建设不够完善及主体间协调机制不够健全，因此在由城市"单位制"向"后单位制"、农村"集体制"向"原子化状态"转型的过程中，社会化服务支持系统被弱化了。仅以心智障碍者康复服务机构为例，"十一五"期间智力残疾康复服务机构仅为2006个，仅对480万名重症精神病患者开展了社会化、综合性、开放式精神病防治康复工作[①]，这些成果显然是远远不够的。

3. 家庭照顾乏力

对于心智障碍者家庭而言，在现有社会保障与福利服务不足等外在因素影响下，出于"愧疚"和"责任"的情感驱使，有着血缘关系的家庭及亲属成为心智障碍者极为重要的照顾者。目前我国大部分地区尚没

---

① 数据来源：《智力残疾康复"十二五"实施方案》《精神病防治康复"十二五"实施方案》。

有关于心智障碍者照顾主体的全国性量化统计分析数据，根据曾凡林在2006年对上海市16～35岁智障人士的1412位父母所做的家庭需求调查结果来看，有67.9%的成年智障人士被安置在家中，4.3%在照料机构，16.3%在福利企业，3.5%在康复中心，8.0%在一般企事业单位（曾凡林，2006）。在中国台湾地区，有关研究显示，心智障碍者的主要照顾者为父母，重要度为75.59%，远高于照顾机构（比例为15.64%），其中又以母亲为主，每天平均照顾时间为11.71小时①。70%的残疾人需要依靠家庭供养，目前许多残疾人家长为供养、照料残疾子女承受极大的痛苦和极重的负担，而且对子女今后的生活和归宿忧心忡忡（张曙，1996）。对于残障者家庭，尤其是心智障碍者的家庭而言，无论其家庭经济条件如何，都要承受沉重而漫长的照顾压力。对于心智障碍者家庭而言，他们不仅面临着因高额医疗康复费用带来的经济负担，还面临着对心智障碍者日常照料、教育培训、就业安置乃至社会参与等方面的压力，以及在这些长年累月的压力与负担综合影响下的心理和精神乏力。尤其随着心智障碍者及其家人年龄的“双重老化”，致使因心智障碍者的照顾人力缩减、照顾能力下降使其对心智障碍者未来的生活充满担忧。

二、社会企业促进心智障碍者就业的社会空间

我国政府历来重视发展残疾人事业，尤其是改革开放以来党和政府通过规划指引、政策鼓励、制度支持、资金扶持和法律保障等多种形

① 转引自刘佳琪.台湾身心障碍者老化与应因对策：以心智障碍者为例［J/OL］. http://www.docin.com/p-403413092.html。

式为推动残疾人事业发展提供了有力保证。社会企业作为一种全新的社会力量参与推动心智障碍者就业，对其可能性与可行性进行了考察，除了政策制度建设的保障外，还要有赖于一定的社会空间。社会空间作为社会学科与地理学科交叉产生的概念，本书在此仅就现阶段社会空间的几个重要维度加以阐述。一般来说，对社会空间主要进行两部分的考察，即客观社会空间和主观社会空间。客观社会空间主要分为人口空间、就业空间和日常生活空间；主观社会空间主要指意象空间（肖昕茹，2010）。

（一）心智障碍者人口基数大，风险社会加剧致残可能

我国目前正处于快速城镇化过程中，贫困会使健康权利被剥夺，导致因无法及时有效获得医治而残疾，而且残疾在一定程度上又是使人们陷入贫困的诱因之一。此外，随着残疾观从医疗模式向社会模式的转变，社会对残疾的理解不应仅局限于生理、物质以及医疗等层面，更要关注社会环境层面。社会风险导致残疾因素增加，如人口流动频繁、交通事故、工伤、社会压力、吸毒、电脑办公以及药物滥用等。可以肯定地说，随着我国经济发展和医疗卫生水平的不断提高以及福利救助体系的完善，虽因贫致残呈现逐渐下降趋势，但伴随着工业化、城市化进程出现的社会风险致残因素却在不断增加，心智障碍类残疾尤为突出。

（二）心智障碍者以中轻度残疾为主，就业意愿强烈

对残疾人是否具有就业能力进行考察，残疾程度是一个重要参考指标。根据 2006 年第二次全国残疾人抽样调查样本数据统计结果来看，所调查的心智障碍者中有 40.78% 的智力残疾人士和 45.9% 的精神残疾人

士为四级残疾。按照我国现行的残疾分类标准，这类心智障碍者残疾程度较轻，基本可以生活自理和从事一般性工作，仅偶尔需要支持和帮助。生活完全不能自理的智力残疾人士和精神残疾人士所占比例分别为9.25%和23.55%。其余部分为二级、三级残疾，具有一定的生活自理能力和工作能力，只是相较于四级残疾人士而言，更需要得到帮助和支持（见表3.3）。可见，大部分心智障碍者（90.75%的智力残疾人士和76.45%的精神残疾人士）具备一定的生活自理能力和就业能力，这与社会对其的认知是存在一定偏差的。

表3.3　心智障碍者残疾等级构成　　单位：人、%

残疾类别		严重程度				
		合计	一级	二级	三级	四级
智力残疾	数量	10844	1003	1745	3674	4422
	占比	100	9.25	16.09	33.88	40.78
精神残疾	数量	11790	2777	1635	1966	5412
	占比	100	23.55	13.87	16.68	45.90

数据来源：根据2006年第二次全国残疾人抽样调查样本数据整理所得。

（三）社会包容接纳氛围欠佳，既有因应行为策略局限性大

残疾人理应和健全人一样，以正式公民的身份地位充分、平等地享有一切人权和基本自由。2006年12月，第六十一届联合国大会通过的《残疾人权利国际公约》，对残疾人充分参与社会生活的相关权利进行了法律约束，我国于2007年3月首批签署该公约，并于2010年8月首次递交履约报告。虽然近年来我国政府在残疾人康复、教育、就业、扶贫、社会保障、维权、文化体育、无障碍环境建设和残疾人组织建设等方面采取了一系列重大举措，我国残疾人状况也得到很大改善，但就社会环

境来讲，社会包容与接纳度总体上仍然十分欠缺，尤其在教育、就业和人际交往等方面的社会排斥比较突出。相较于肢体、视力、言语和听力等方面的残疾人士而言，心智障碍者监护人体会到的“避之不及”的辛酸更是常人难以体会的。社会包容与接纳的总体欠缺，一方面来自社会的歧视性偏见导致的社会排斥，另一方面是心智障碍者家长监护人为避开“异样眼神”而主动选择回避和疏离主流社会。另外，社会政策和相关福利措施还存在诸多不足，导致心智障碍者回归社会之路更加艰难。

面对心智障碍儿童在成长中遇到的诸多困境与问题，监护人通常会采取一些因应行为。因应行为是指当压力情景产生内外需求时，个体用以支配、减少或容忍这些需求的认知和行为的反应（Susan Folkman，1984）。这些因应行为策略有主动与被动之分，前者是指个体在压力下直面问题，积极尝试解决方法或寻求帮助支持，后者是指个体在压力情景下压抑自己的情感和想法，选择合理化、自我疏离或逃避的行为。在对 30 个心智障碍者监护人进行访谈的基础上，李敬将心智障碍者监护人的既有因应行为概述为自我调适与依赖家庭网络、自办服务机构、加入官办家长协会和成立家长自助团体；在探讨其效用的同时，指出了四种既有因应行为策略存在的局限性，如自我调适与依赖家庭网络——资源利用内卷化、自办服务机构——发展模式的内卷化、加入官办家长协会——体制和制度的结构性限制、成立家长自助团体——合法性矛盾和合作困境（李敬、程为敏，2012）。可见，由于国家和政府现有社会政策和福利制度的欠缺，以及心智障碍者家庭既有因应行为策略面临的诸多局限，因此亟须一种新的思路与理念以有效应对和具体解决上述问题。

综上所述，我国心智障碍者的就业面临一定的现实困境，这些困境主要凸显在制度层面，但我国心智障碍者就业又有着制度空间和社会空间的需求。社会企业具有的特性，在推动心智障碍者就业过程中有着其他行动主体无可比拟的比较优势，而且这种比较优势的发挥，从国外以及我国港台地区的成功经验来看，是可行的。

本章小结

本章主要对社会企业参与推动心智障碍者就业的社会背景进行考察研究，具体分析目前我国心智障碍者就业的现实困境，以及社会企业参与的比较优势、制度空间与社会空间等问题。通过研究可以得出以下结论。在我国政府和民间社会力量的推动和支持下，心智障碍者就业工作逐渐得到重视，政府积极探讨多元化的安置方式，并颁布出台了一些相关政策制度措施对其加以保障，已取得显著成效。但是，由于我国推动心智障碍者就业还处于探索和起步阶段，长期以来针对心智障碍者的相关就业促进政策措施主要镶嵌于残疾人就业促进制度体系中，在制度创设中因缺乏科学合理的分类设计理念予以指导，致使在推动心智障碍者就业工作中仍然存在一定的制度和社会短板。因此，需要政府、社会以及心智障碍者家庭共同努力，推动建立健全心智障碍者就业促进体系。

第四章

创业：社会企业促进心智障碍者就业的行为选择

在本书中，虽然促进心智障碍者就业是社会企业的社会目的，但由于社会企业在我国大部分地区是一个新鲜事物，仍处于理念倡导和实践探索阶段，对其组织形式更多的是一种总括性的模糊认识。因此，探究社会企业促进心智障碍者就业的行为，显然除了要了解前文所述的行为情境外，还要对社会企业行为主体的生成和发展情况进行分析和研究。对社会企业的创业行为进行研究有助于充分和深刻了解其行为动机，其生成需要哪些要素禀赋，这种行为动机又是如何与其他要素禀赋相融合来推动以促进心智障碍者就业为目的的社会企业产生，以及存在哪些不利条件阻碍其顺利生成。本章的内容安排如下：首先，在对商业创业和社会创业概念进行简要梳理并借鉴国内外已有研究成果的基础上，尝试确定社会企业创业机制研究的核心构成要素，并提出和构建社会企业创业机制研究的分析框架；其次，利用此框架结合案例进行分析，揭示我国以促进心智障碍者就业为社会目的的社会企业创业现状；最后，在前文研究分析的基础上探讨社会企业创业行为面临的制约困境。

第一节　社会企业创业的概念要素及分析框架

由于心智障碍者就业群体的特殊性，我国目前参与促进心智障碍者就业的社会企业创业既不同于商品企业的营利性创业，也不同于社会组织的非营利性创业，甚至有别于环保、教育、健康、养老和家政等领域的社会企业创业，而是有着自己独特的创业机制。目前，对创业机制的研究更多的是着眼于商业企业，对社会企业的创业机制尚缺乏研究分析。因此，为了更好地推动和扶持一批致力于促进心智障碍者就业的社会企业的涌现及其健康可持续发展，有必要搭建社会企业创业机制的分析框架。

一、社会企业创业的概念释义及构成要素

从既有的相关文献来看，围绕社会企业的创业过程展开的研究并不普遍，没有发现从综合角度对社会企业的创业机制进行的直接概念界定。创业最早是指一种经济活动，对社会企业创业的理解应置于经济领域中。同时，由于“从事社会创业活动的组织一般被称为社会企业”（严中华，2008），社会企业是社会创业的实体和产物，因此本书对社会企业创业机制的概念释义和构成要素的界定主要从商业创业和社会创业方面进行发掘。

从对文献的梳理来看，对创业的定义最早是在 18 世纪中期，当时法

国经济学家Cantillon（1755）将创业与承担风险联系起来。但是，真正引起学者更多关注的要追溯到1987年的*Academy of Management Journal*开辟创业研究专题（Scott A.Shane，1997）。自此至今，随着创业研究关涉学科的多元性以及创业现象的复杂性，越来越多的学者对创业进行了定义，但由于这些定义主要是在各自研究视角和研究需要的基础之上，因此至今尚未对其达成一致性界定。通过比较分析可以发现，学者主要从创业者的风险承担、创业者的个性心理特质、创业者获取和识别机会的能力、创业者获取资源的能力以及创新方面定义创业。面对这些错综复杂的定义，一些学者尝试通过梳理和归纳来提炼创业的核心内涵要素。Gartner（1990）借助德尔菲法（Delphi）进行的问卷调查研究结果显示，创业概念的核心要素有创业者、创新性、创立新组织、创造价值、获取利润、成长、独特性以及成为所有者和管理者；Morris（1998）在对欧美核心期刊和主要教科书中出现的77个创业定义进行总结分析后发现，出现频率最高的关键词有开创新事业、创立新组织、创造资源的新组合、创新、捕捉机会、风险承担、价值创造；我国学者朱仁宏（2004）在对国外学者的经典著作、媒体和核心管理期刊上具有代表性的创业定义进行分类分析后发现，创业定义的焦点主要立足于创业家个性与心理特质、识别机会的能力、获取机会、创建新组织与开展新业务的活动。在对国外学者提出的创业概念进行研究分析的基础上，我国一些学者（林强等，2001；朱仁宏，2004）也做出了一些概念界定，但其核心要素基本与国外学者相同，只是在概念上更具有系统性和综合性。结合上述分析不难发现，虽然学者在对创业的概念界定上尚未达成一致，但在创业的核心要素上基本上能够取得共识。另外，从这些核心要素中也可以看出，创业行为是在创业者与环境的互动过程中从开始至完成的。

相较于商业创业，社会创业的实践和研究仅有20余年的历史。20世纪80年代以来，随着欧美福利国家危机的不断加剧，创业作为一种有效解决制约非营利组织可持续发展的筹资困境的重要手段被引入社会领域，社会企业作为社会创业实体在解决“政府、市场及志愿服务”三重失灵导致的层出不穷的社会问题中发挥了重要作用，由此在全球范围内引发了一股新的创业热潮。Weerawardena和Mort（2006）在对具有代表性的社会创业概念进行梳理和分析的基础上，将社会创业定义为非营利组织通过对感知机会进行开发、传输社会价值的一种行为现象。由于社会创业的定义在不同领域的发展，如非营利组织、营利性组织、政府部门等，当一些学者（Lasprogata和Cotton，2003）将社会创业仅限于非营利组织时，其他学者（Wallace，1999；Baron，2007）描述社会创业为非营利组织经营营利性公司或创办新公司以弥补经费亏损；还有一些学者（Ostrander，2007）将社会创业视同为慈善行为；也有一些学者（Certo和Miller，2008；Van De Ven，Sapienza，Villanueva，2007）认为，社会创业是个人或组织带有社会目的的企业经营活动。总而言之，与商业创业一样，学术界对社会创业的概念界定也并未达成一致。Shane和Venkataraman（2000）认为，作为创业企业，无论是商业创业还是社会创业，都是基于对机会的识别与开发之上的。Yitshaki等（2008）在2000年对以色列33家从事不同领域的社会企业进行质性研究的基础上，从资源依赖、制度及社会资本视角构建了概念框架，主要包括获得经费资源、获取合法性、提升组织能力以及凝聚个人和社会资本。陈颖（2014）借助扎根理论研究方法，以社会企业家为切入点梳理出社会企业创业的四大范畴，即社会企业家创业的驱动力、社会企业家创业的行动、社会企业创办的条件和社会企业的结果。徐君（2013）在对文献进行梳理的基础上认为，学术界关于社会创业行为的发生机制主要有两种观点，即强调创业者性格的个体行为机制及注重环境因素的制度环境机制。可以看出，学者对社会创业的概念内涵和对创业过程的理解与商业创业是基本一致的，只是由于对社会创业的实践及研究滞后于商业创业研究，学者更注重从系统和制度的视角来界定社会创业及其行为。

综合上述对商业创业和社会创业概念内涵的简要分析，本书认为社会企业创业是一个过程，并非一种即时行为，这个行为过程是创业者在与外部制度环境的互动中创新性完成的。社会企业创业主要涉及五个维度，即社会企业创业者、创业意愿或动机、创业机会、创业资源和社会目的及社会价值，其中创业机会和创业资源是核心要素，两者的识别与获取又与创业者的个人能力以及社会资本密切相关。本书结合对社会企业创业内涵五个要素维度的界定，结合对我国心智障碍者就业的具体情境认知，对旨在促进心智障碍者就业的社会企业创业给出如下定义：在社会对心智障碍者就业接纳程度较低以及传统性就业安置方式适切性较差的情况下，创业者在对外部制度环境变化带来的机遇和心智障碍者就业压力乃至家庭生存压力进行识别和认知的基础上，受生存生计、自我成就或（和）组织使命等因素驱动，动员和整合人力和资金等资源创办新组织和开展新业务，实现心智障碍者有尊严就业的一项创新性的社会经济活动。社会企业创业者既可以是非营利组织、商业部门，也可以是政府或个人，或是以上主体的联合。显然，社会企业创业是创业者在对自身能力、资源及条件，以及外部环境提供的机会等因素进行综合权衡后做出的一种决策行为，虽然在很大程度上这种决策是理性的，但由于外部环境的不确定性，社会企业创业是一项风险性活动。

二、社会企业创业机制分析框架

结合前文对参与心智障碍者就业的社会企业创业内涵的核心要素以及社会企业创业的概念界定不难发现，社会企业的创业机制其实符合“需求—动机—行为”理论，其中需求是创业行为发生的动力源，动机是创业行为发生的刺激源，行为是创业实践行动的具体操作，三者之间相辅相成，动机产生于需求之上，行为建立于动机之上，而需求能否满足又建立在具体行为之上。同时也应该看到，三者的关系存在充分不必要性，即虽然动机的产生需要需求的激发、动机是行为的动作前提以及需求的达成需要行为保障，但需求并非必然产生动机，动机也并非必然导致行为，行为也并非必然能够满足需求。“动机的产生除了需求外，诱因也是一个重要条件”（李江远，2011），而且诱因是存在于需求产生的外部环境中的，因此可以说，动机的产生是建立在人的需求与外部制度环境条件互动联系过程中的，两者缺一不可。此外，从心理学角度来看，创业动机应该是推动和刺激创业行为发生的内部驱动力，具有较强的主观能动色彩。确切地说，创业动机只是创业行为发生的一个动作前提，即创业行为的践行操作若仅停留于蕴含期待与价值的动机层面显然也是缺乏现实可行性的，因为创业行为的发生本身就是一个复杂的过程，是多种因素与力量综合作用的结果，这些驱动因素既有主动的，也有被动的；既有主观的，也有客观的。归结起来，创业行为的发生需要两种基本的核心要素，一种主要表现为创业动机的内部动力，另一种是以社会创业者为载体的内部能力。在两者的共同作用与推动下，创业行为得以进行，两者相辅相成，缺一不可。总之，社会企业的创业机制其实是“动力—能力”机制共同作用的互动过程。借鉴上述相关理论方法的观点和思路，结合对案例社会企业创业过程及其关键环节和核心要素的初步认识，本书尝试通过归纳推理的方法，得出社会企业创业行为发生机制分析框架，如图 4.1 所示。这个分析框架主要聚焦于“为什么是这些人而不是其他人成为社会企业创业者”以及“创业者通过什么样的行为策略创办社会企业”两个问题。

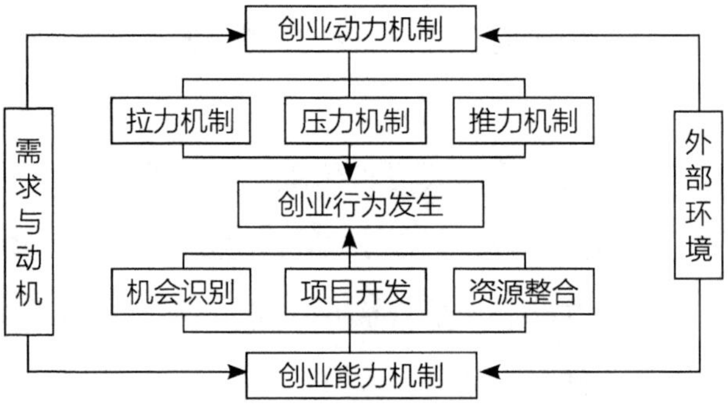

图 4.1 社会企业创业行为发生机制分析框架

第二节 社会企业创业行为发生的现状分析

通过前文对创业和社会创业两个概念核心要素的梳理分析和提炼总结，不难发现，社会企业创业概念考量的要素维度与人们普遍意识中的商业创业的概念内涵基本上是一致的。基于这些基本共识，本书尝试提出一个社会企业创业机制的概念分析框架，并分析社会企业创业行为是以社会创业者为载体的社会企业在与所处外部环境互动过程中发生的一种风险性行为，而且这种行为主要是在社会创业者的创业能力和创业动力两种机制的共同作用与推动下发生、进行并最终完成的。值得一提的是，社会企业创业的动力机制构成要素不仅有主动性层面的动力如拉力，也有受动性层面的动力如压力和推力等。结合前文勾勒的社会企业创业行为发生机制的分析框架，本节主要结合典型案例，对我国目前心智障碍者就业类社会企业创业行为得以发生的关键要素进行深入的描述性分析，以期对社会企业创业行为的发生现状有一个全景性的认知和感受。

一、创业动机：爱与不安

前文提到创业动机是创业行为发生的起点和重要动作前提，是推动和刺激创业行为发生的内生动力。创业行为的行动载体是创业者，社会企业创业行为归根结底是人的行为，它的产生主要是由创业动机导致的，而且创业动机主要来自人的需求刺激。换言之，创业行为发生的最直接动机就是人的需求。人的需求有不同的种类和层次，美国心理学家马斯洛提出，需求由低到高主要划分为五个层次，即生存需求、安全需求、情感和归属需求、尊重以及自我实现和成就需求。简单来说，人的生存需求和安全需求可以称为“生存型需求”；情感和归属需求、尊重以及自我实现和成就需求可以统称为“发展型需求”，它们具体涉及的成就、荣誉、地位、尊重、价值以及潜能等需求是在人类基本需要基础上衍生出来的，它们的满足虽然主要依靠内部因素，但是在与所处环境中其他主体的互动中实现的。正如前文所述，由于创业动机主要是需求的激励和刺激，因此可以将创业动机简单分为生存型动机和发展型动机。

具体来说，对于个体创业者来说，社会企业创业是被心智障碍者子女的现实生存境遇所驱动的，对于大部分个体创业者来说，他们还有一个特殊身份——心智障碍者的家长或监护人。由于目前心智障碍者的就业安置效果不理想、生活照顾压力大以及对心智障碍儿童未来生存与发展的迷茫，促使其家长和监护人不得不尝试探索行之有效的方式去解决上述问题。对于由基金会发起的社会企业创业行为，虽然基金会与心智障碍者之间并没有血缘关系，但由于基金会及其运作项目的社会使命和目标期望使然，他们选择社会企业创业行为，同样也是在服务心智障碍者的生存就业困境以及项目的可持续运作等因素驱动下进行探索的。

综上所述，无论像心智障碍者家长或监护人这样的个体创业者，还是有着独特社会使命和情怀愿景的基金会，他们选择社会企业创业行为的初始动机都主要是生存型动机，而出于发展型动机创业的很少。随着对相关群体生存和就业状况的深入接触和了解，对相关经验的积累以及能力的培养，他们的创业动机也会从生存型动机转变为发展型动机。他们识别机会并抓住机会，出于发挥潜能和体现自我价值而创业。可以预见，随着国家和社会对心智障碍者就业问题的日益重视，“大众创业、万众创新”的深入推进以及我国公益慈善事业的大力发展，将会有越来越多的创业者受发展型动机的驱动进行社会企业创业。

二、创业环境：推力和拉力

正如前文通过对案例进行分析得出的结论，目前我国社会企业的创业行为主要受生存型动机驱使，是迫于无奈的行为。从心理学的角度来讲，它虽源于一种压力，但除了创业者有这种主观上的创业压力或需求动机外，还需要借助所处的制度环境中的外部力量推动，促使创业动机转化为实际行动，甚至创业需求和动机本身就是创业者在与外部力量的互动作用下产生的。概括来讲，这种外部力量主要分为推力和拉力，同时也是激励和刺激个体成为创业者的主要因素。简而言之，本书所说的推力主要是个体所处外部环境中的消极因素，同时它们激活了个体潜在的创业才能；拉力主要是指个体所处外部环境中的积极因素或合理因素，这些因素为个体成为创业者提供了重要前提和条件，在一定程度上有助于创业行为的顺利推进、保障创业权益。

（一）推力作用

对于心智障碍者而言，由于其在情绪认知、个性行为和社会适应特征等方面的特殊性，单单依靠家庭或某个行动主体并不能真正缓解或解决他们面临的生活照顾、就业、教育及其他问题。遗憾的是，目前我国有关建立心智障碍者家长支持服务体系的构想尚处于理念倡导阶段，且主要由一些心智障碍者家长组织和社会组织推动，而在直接关涉心智障碍者扶助支持方面，仅就就业而言，我国心智障碍者仍面临本书前文所述的诸多现实困境，加之用人单位对心智障碍者存在就业偏见和不愿意承担安全责任，较少甚至不会雇佣心智障碍者，其后果是心智障碍者不仅没有真正实现就业和融入社会，而且其各项技能迅速下降。此外，政府、残联部门和社会组织虽然开办了一些心智障碍者服务机构，如工疗站、托养中心、培智学校以及庇护工厂等，但这些场所只是为心智障碍者提供一个照顾、教育和技能培训的平台，并不能真正满足心智障碍者及其亲属的就业愿望和需求，心智障碍者不能像普通人一样正常就业和有尊严地生活。总而言之，由于心智障碍者就业促进服务政策的迟滞和就业机会的缺乏，致使心智障碍者家长及其亲属，甚或其他行动主体不得不尝试探索切实可行的方式去推动心智障碍者就业。

（二）拉力作用

除了外部环境的推力作用外，社会企业创业行为的发生还需要外部环境的拉力发挥重要作用。拉力的作用方式虽与推力截然相反，但作用效果是一致的。

1. 法律制度环境的包容

对于任何一种组织形式来说，合法性是其生成和发展的重要前提条件，社会企业也不例外。“社会企业”这一专业术语目前尚未进入法律考量范畴，从法学的角度来讲，按照“不禁止的就是允许”的原则，社会企业至少不是法律禁止的存在形式。此外，我国目前正处于经济社会急速转型期和全面深化改革的深水区和攻坚期，社会需求呈现多元化和复杂化趋势。审时度势，国家和政府做出了“大众创业、万众创新”的战略部署，营造更加积极包容的均等普惠制度环境也是情理之中，这也在很大程度上促进了社会企业这种新型组织形式的生成和发展。

2. 政府政策的引导激励

对于新型创业组织来说，政府政策引导激励的作用是非常大的。由于社会企业在我国的发展尚不具备真正意义上的法律地位，因此政府政策的激励和引导就显得尤为重要，这在一定程度上能够加速推动社会企业的生成和发展。也正是由于社会企业法律地位的缺失，虽然国家和政府及相关部门相继出台了系列政策措施，但是没有专门针对社会企业的政策文件，这并不妨碍这些政策文件对社会企业的适用性。以社会企业的登记注册为例，随着社会组织登记门槛的降低和程序的简化，在政府购买服务、税收减免优惠、经费投资资助、媒体舆论支持以及各级民政系统和残联等部门的行动指导等政策激励和引导下，尤其是在政府相关政策文件中，明确将辅助性就业和支持性就业作为心智障碍者就业的主要形式并加以扶持和推动，也在很大程度上推动了社会企业的生成和发展。

3. 公益慈善理念的转型

慈善文化在我国有着悠久的历史，乐善好施和扶贫济困更是中华民族的传统美德。中华人民共和国成立后，我国公益慈善事业的发展虽然一度中断，但自改革开放后重新起步和恢复发展。尤其自 2008 年汶川地震以来，我国公益慈善事业蓬勃发展，越来越多的人开始关注、参与和支持公益慈善事业的发展。我国历史上首部慈善法也自 2016 年 9 月 1 日起正式实行，全面拉开了我国公益慈善体制改革和法制建设的序幕。社会大众对公益慈善的认知和理解也发生重大变化，其中最重要的就是公益慈善理念的转型，而这种转型又与我国经济发展和社会进步密切相关。长期以来，人们对公益慈善的认知多停留在物质救济层面，关注更多的是吃饱穿暖，这种理念的背后蕴含的是同情和怜悯。随着“尊严”“独立”“共享”“生活质量”等词语逐渐进入公益慈善领域，极大地影响和推动了公益慈善理念的转型。总之，公益慈善理念的转型使公益慈善主体乃至其他行动主体以需求为导向，更注重通过创新的手段或形式提供服务，而不再是简单的物质帮扶和救济，这也在一定程度上对社会企业的生成和发展形成了极大的推动力。

4. 社会需求和目标吸引

社会企业是用商业手段来解决社会问题，而社会问题的产生主要源于社会需求未能得到有效满足。本书前文有所提及，经估算，我国心智障碍者有1800万人，其就业率尚不足10%，但心智障碍者及其监护人的就业意愿相当强烈。就目前来看，这些需求单靠政府和企业并不能得到有效满足，客观上需要其他主体进行弥补。这些主体可能是心智障碍者家长或亲属、社会组织、有责任担当的企业或是多个主体的联合，其在共同目标的指引下凝聚，并按照一定的分工和合作达成一致，形成具有特定目标定位和结构功能完善的有机整体。这些共同目标的定位主要来自对心智障碍者就业需求的合理评估，尝试通过创新的方式使其拥有一份适合自己的工作。可见，不仅社会需求对社会企业的生成具有重要作用，并且共同目标的吸引对于社会企业的生成也是必不可少的。

总的来说，通过对社会企业创业环境中创业推力和创业拉力的对比可以发现，社会企业创业行为的发生是在两者的共同作用下完成的。但就我国目前情况来看，创业拉力更多的是间接性的作用，即这些拉力因素并不是专门适用于社会企业创业和发展的，创业推力反而发挥着客观的和直接性的作用。

三、创业能力：资本素质

社会企业创业行为是创业者在与所处的环境进行互动中发生的，创业者的生存型动机及其所处环境中的外部力量构成了社会企业创业的动力机制。正如前文所述，社会企业创业行为的发生仅有动力机制是不够的，还需要创业能力机制的推动作用，在两者的共同作用下推动社会企业创业行为的发生和进程，并且创业动力机制在社会企业创业行为发生的过程中并不能孤立存在，只有与创业能力机制相结合才能够得到外在彰显。概括来说，社会企业的创业能力就是通过整合和运用各种内在和外在资源使创业动力得到充分发挥，最终使社会企业创业行为发生并顺利达成的各种能力的有机组合。结合对社会企业创业行为发生过程中核心要素的认知，可将创业能力划分为创业机会的发现和识别能力、创业资源的获取和整合能力以及创业项目的定位与开发能力，这些能力以创业者为行动载体发挥作用。

（一）创业机会的发现和识别能力

虽然对于心智障碍者就业类社会企业的创业者而言，创业需求和动机的产生是被动的，但社会企业创业行为决定的做出却是创业者主动和自愿的选择，所以他们会主动关注相关创业信息，并自觉将其与创业行为匹配，进而感知和发现创业机会。发现和有效识别创业机会，从其作用方式和存在形式上说，主要取决于创业者的思维能力，主要包括学习能力和判断能力，前者主要指创业者对新知识、新技术的接受和掌握能力，后者主要指创业者对信息和资源的评价和鉴别能力。

（二）创业资源的获取和整合能力

创业机会的发现和识别是创业行为发生的重要前提，但能否顺利转化为实际行动在很大程度上依赖于对创业资源的获取和整合。“创业资源是创业者在向社会提供产品和服务的过程中，所拥有的能够实现自身目标的各种要素及要素组合”（刘美玉、陈晓红等，2015）。与其他创业者一样，社会企业创业也需要具备足够的资源，主要包括人力资源、财务资源以及必要的社会资源，其中人力资源包括个性品质特征、文化素质和教育水平、专业技能和工作经验、合适的专业人才、经营管理能力以及行业经验等，财务资源主要包括创业的启动资金，社会资源主要包括网络、信任、规范的社会资本。但一些创业资源在创业初期并不是必须具备的，有些资源可以通过市场化的方式获得，如人才和技术，同时创业者应该至少具备一些必要的资源，如资金。

（三）创业项目的定位与开发能力

任何创业行为都具有一定的风险性，而且创业行为风险的高低与创业机会和创业资源有关，它直接关涉创业实践的成败。好的创业项目应该是可盈利的和具有可行性的。虽然创业行为在本质上是一种资本投资行为，获得利润是创业绩效最直观的体现，但与一般商业创业的无限性盈利不同，对于社会企业来说，由于其最终目的是通过商业模式解决社会问题，因此项目盈利的主要目的在于项目的可持续运作。换言之，社会企业的商业目标是为社会目标服务的。创业项目的可行性一方面体现了创业者对创业项目风险的认知度，这与创业者的个体素质、社会资本和先前经验积累有关；另一方面体现了创业项目的适切性。以心智障碍者为例，由于其身心特征相较于其他残障群体具有一定的特殊性，所以在创业项目选取过程中要充分考虑并立足他们的兴趣和特长。可见，社会企业创业项目的定位与开发要比一般的商业创业项目更为复杂、更具风险性。应该说，在社会企业创业过程中，创业项目的定位与开发能力十分重要，是决定创业机会能否顺利转化为创业实践以及创业成败的关键环节。总而言之，我国目前心智障碍者就业类社会企业生成的基本方式主要是直接创办，其创业者主要有两类，一类是心智障碍者家长及其亲属，另一类是基金会。结合前文分析可以发现，无论是哪种创业者，他们的创业动机主要源于“爱与不安”，主要表现为一种生存型创业动机，但其发展型创业动机已经初具端倪。社会企业虽然在我国尚未取得合法性身份，但已经有了推动创业行为发生的土壤，这些推力、拉力以及生存型动机下的压力要素共同构成社会企业创业的动力机制。但显然，社会企业创业行为的发生仅有动力机制是不够的，还需要创业能力机制的共同作用。创业能力机制的核心要素有创业机会的发现和识别能力、创业资源的获取和整合能力以及创业项目的定位与开发能力，其中创业项目的定位与开发能力是决定创业机会能否顺利转化为创业实践以及创业成败的关键环节。

第三节　社会企业创业行为发生的制约困境

社会企业创业行为的发生虽然具有特殊的社会背景和特定的社会愿景，但构成其发生机制的核心要素与普遍意义上的商业创业却有着诸多重合，也正因如此，社会企业创业者可以采用商业创业的思维逻辑进行商业化运作。由于社会企业双重目标的相悖性及其存在形式的创新性，致使社会企业创业行为的发生受到多重制约。总的来说，这些困境主要表现在以下几个方面。

一、创业融资渠道单一，社会化不足

创业资源是创业机会转化为创业行为实践的决定性因素，而在创业资源中创业启动资金是必不可少的，它既是影响创业行为能否成功的关

键因素之一，也是任何创业者在创业时的首要问题。商业创业经过多年发展已经形成较为完善的创业融资渠道，如银行贷款、合伙人投资、风险投资、互联网融资以及民间资本等。不难发现，商业创业的资金筹措主要借助金融市场的外部融资。社会企业是以盈利为手段实现社会目标的，从本质上说它也是以企业的形式存在的，是独立的经济主体，这些使它不同于传统的慈善组织。慈善组织主要以政府资助和社会募捐获得经费，但这些筹资渠道的建立和完善在本土化语境下也只是刚刚起步，是非常态的。社会企业作为一种新兴的混合型组织形式，相较于商业创业组织和传统慈善组织，其创业面临更多的融资困境。我国目前致力于推动心智障碍者就业的社会企业创业融资渠道来源非常单一，市场化明显不足，主要依赖创业者的自有资金或者社会募捐，这在很大程度上束缚了社会企业的市场开拓和业务扩展。

社会企业创业融资困难既有社会企业自身的原因，也有外在制度及社会环境因素。从内在原因来看，由于社会企业在我国还是新生事物，它秉持社会价值和盈利经营双重目标，难免引起政府及社会对其公益性和商业性如何兼具产生困惑，对其运作方式产生质疑。此外，由于社会企业在初创时期规模普遍较小，其经营活动具有很大的不确定性，并且缺乏可供参考的信贷记录和收益记录，因此在金融市场上较难获得各类投资主体的青睐。社会企业是一种新型的组织形式，社会公众对其知晓度本来就很低，而社会企业又是采用企业经营方式实现社会目的的，加之社会公众对企业持有“唯利是图”的传统观念和对心智障碍者的传统慈善观念，因此社会公众难以理解心智障碍者具有就业能力，对他们的就业行为、产品（服务）、可持续运作甚至创业者动机都充满了好奇、不信任，并持观望态度，这些都使社会企业创业在融资时面临很大障碍。

二、社会创新不足，市场竞争力较差

社会企业是一种社会创新的混合型组织形式，是用创新的方式和手段来践行解决社会问题和创造社会价值（宋伟、徐胡昇等，2015）。社会企业兼具社会使命和经济使命，这使它既不能像一般商业企业一样致力于“利润最大化”，也不能像传统慈善组织一样只专注社会目标的达成。双重使命的混合既是社会企业独特的优势，也使其面临更大的创新压力。而社会创新是社会企业在成立之初就应该加以考虑的，上文提到的社会企业创业经费短缺，在很大程度上源于社会企业的社会创新性不足，主要体现在产品或服务上。我国的社会企业由于尚处于起步阶段，虽然也兼具社会使命与商业使命，但从整体来看仍然存在社会创新意识和行动明显不足、市场竞争力较差和社会影响力较小等诸多问题，致使社会企业的可持续运作不能实现常态化。概括来说，社会企业的社会创新不足主要体现在以下方面。一是缺乏一批具有创新意识和创新能力的社会企业家。社会企业要实现可持续发展，就要在社会目标和经济效益之间做出平衡，这就要求其创业者不仅要具备追求社会目的的非营利组织管理能力，更要具备实现企业持续运作和盈利的商业技能。二是社会企业在产品或服务方面的创新力不足。社会企业与传统慈善组织相比最大的区别是，其实现可持续运作主要依靠的是经营性收入，同时它与一般商业企业相比又致力于社会问题的解决，它的目标群体（如心智障碍者）处于社会边缘，这些都潜在要求社会企业要比一般企业更加注重产品或服务创新，只有这样，社会企业才能增强市场竞争力，占据一定的市场空间。从样本案例来看，我国社会企业对产品或服务的定位基本上处于模仿阶段，社会媒体的宣传和报道也多着眼于目标群体的弱势性，更多地侧重于博取社会关注。当然，在我国现有情况下，社会企业在创业时进行模仿和打“爱心牌”固然可以，但应该意识到这并不是长久之计，社会企业要获得市场空间和实现可持续发展仍然要靠创新性的产品或服务方案。

三、政府扶持非常态化，社会支持网络脆弱

从国际经验来看，凡是社会企业如雨后春笋般涌现和蓬勃发展的国家和地区，除了缘于在福利国家危机下对大量社会问题的回应外，还离不开政府当局的大力支持和社会支持网络的建立。尤其是在欧洲国家，对社会企业成立和发展的支持更是一种普遍性行为，大多数国家都有专门立法，虽然还不够完善。即使像美国这样更信奉自由主义的国家，虽然政府对社会企业的扶持与欧洲国家相比程度较低，并且更多是间接性的支持，如政府购买，但是基于联邦税法 501（c）(3)、501（c）(4)等条款也进行了社会企业税收管理等方面的规定，并且自 2008 年以来陆续有州以立法的形式创制社会企业的组织形式（徐君，2012），最重要的是，美国存在大量的私人基金会对社会企业进行扶持。由此看来，社会企业的创立和可持续发展除了主要依靠其经营性收入外，还离不开政府的法律政策支持、社会大众的广泛认同以及强大的社会支持网络，而这些恰是我国目前社会企业创业和发展所欠缺的重要资源。

我国目前正处于经济社会转型期及改革深水区，社会企业的出现和发展将能够很好地回应社会需求。虽然近些年有关社会企业的研讨风起云涌，但从发展路径来看，我国社会企业的发展仍然是一种自下而上的民间行为。从样本案例可以看到，虽然无论是 AT 面包坊还是 XH 洗车中

心的成立和发展都不同程度得到了有关政府部门及残联部门的支持，但这种支持是非常态化的，换言之，更多的是地方政府的行为举动，在全国层面仍然缺乏一种持续性的法律政策支持，这也在一定程度上加大了地方政府工作的难度。以场地租用为例，在访谈时XH洗车中心负责人正在为高额的场地租金而发愁，但是由于目前缺乏对社会企业组织性质的官方界定，社会企业在与政府的协调中仍然存在很大难度。此外，由于我国传统公益慈善观念和传统市场观念根深蒂固，即公益慈善的去利性和市场的趋利性是相悖而行的，而社会企业却是将社会使命和盈利目标结合起来的组织形式，因此社会大众难免会对其持一种困惑和质疑态度。此外，由于我国目前尚未形成浓厚的公益慈善文化氛围，在整个社会范围内缺乏对公益慈善意识的培育，不少社会公众对公益慈善组织的关注度较低，对社会企业这种新型的组织形式的认识和了解更是少之又少，这些都致使社会企业的社会认同度和社会公信力低下，难以有效搭建起社会支持网络。

本章小结

本章主要在商业创业和社会创业概念的核心要素进行理论梳理和分析总结的基础上，对旨在促进心智障碍者就业的社会企业创业行为进行概念界定，并对其创业行为发生机制提出概念分析框架，对社会企业创业过程中的动力机制和能力机制进行描述性分析，着重探讨社会企业创业面临的制约困境。可以初步得出如下结论。我国目前致力于推动心智障碍者就业的社会企业创业行为的发生是创业者个体能力、创业动机以及制度环境共同作用的结果，同时社会企业创业行为的发生也是创业动力机制和创业能力机制相结合的结果。社会企业创业主体主要是心智障碍者家长或亲属以及基金会。社会企业规模普遍较小，创业的主导模式是生存型创业，具体来说是源于对心智障碍者就业问题的困扰和就业需求的驱使，但随着对心智障碍者群体的了解或受社会使命驱使，也有可能转化为发展型或机会型创业。就目前来看，我国社会企业创业仍然缺乏应有的社会环境，社会企业创业主要面临着创业融资渠道单一、社会创新意识和能力缺乏以及政府扶持非常态化和社会支持网络脆弱等障碍，这不仅阻碍了社会企业的顺利成立和可持续发展，也降低了社会企业创业者的创业热情。

第五章

合法性：社会企业
促进心智障碍者就业的行为策略

心智障碍者的亲属以及基金会等主体通过创办社会企业这种新型组织形式来促进心智障碍者就业，但这种行为选择仅仅是心智障碍者就业的前提条件。如果社会企业创业使促进心智障碍者就业成为一种可能，那么还需要采取一定的行为策略使其成为现实，而这种行为策略主要是使社会企业的经济目的得以实现和可持续。在笔者看来，这种行为策略就是获取合法性，而且这种行为策略的选择对于社会企业这种新型组织来说是至关重要的。本章主要结合案例对社会企业促进心智障碍者就业的行为策略选择，即合法性获取的现实状况和制约困境进行描述和分析。

第一节　合法性的概念及分析框架

合法性是创业研究中的一个重要概念，将其演绎运用到组织行为研究中也具有适切性。从制度视角来看，合法性是组织获取和维持资源的工具和手段，是组织一致期望或关键利益相关者同构的目标（Raymond Dart，2004）。与其他新兴组织一样，社会企业在初创时期也面临着“新进入缺陷”（the Liability of Newness），而合法性是其中关键性的影响因素，是社会企业生存和发展的重要前提条件。

一、合法性的理论发展及概念释义

（一）合法性理论的发展演变

对合法性问题的探讨纵贯了神学、宗教学、伦理学、政治科学以及组织科学等诸多领域。其中，神学、宗教学、伦理学和政治科学领域对合法性的研究主要着眼于统治者及其统治秩序的正当性，即政治合法性；组织科学领域主要着眼于研究组织合法性。因此，合法性的理论发展主要是涉及政治合法性和组织合法性的发展，在时间序列上合法性较早开始于政治组织研究。政治合法性理论发展主要经历了规范、经验和重建三个阶段，并在此阶段形成了三个学派，即规范主义的合法性理论、经验主义的合法性理论以及重建性的合法性理论（戴鑫，2010），其中经验主义的合法性理论与规范主义的合法性理论是相对立的。组织合法性研究主要分为两个学派，即新制度学派和战略管理学派，将合法性研究的组织类型拓展到了一般意义上的组织。

合法性是构成人类社会秩序基础不可或缺的基本要素，是新制度组织理论的基础要素，对其研究主要从制度视角和战略视角入手。前者侧重于探讨合法性如何在组织内部以及制度环境与组织互动中产生影响和发挥作用，代表性人物有 John Meyer 和 Brian Rowan；后者主要研究组织需要哪些合法性资源以及如何有效获取资源，代表性人物有 Mark Suchman。21 世纪以来，关涉组织合法性研究的相关文献越来越多，这些相关文献研究内容不仅涉足政府、企业等传统的组织形式，而且有新型组织形式研究，如社会企业、混合型社会组织以及跨国公司等。

与西方国家相比，我国的合法性研究在早期出现于法学领域，在实质上是一种“合法律性”研究。近年来，相关研究所涉学科领域和组织形式越来越多，但总体来看，目前我国的合法性研究仍处于起步阶段，相关研究文献主要是对西方有关“合法性”概念研究成果的梳理、引介和套用，尚未形成一套具有本土特色的理论范式。

（二）合法性的概念释义

合法性的概念在学者多年的努力下不断完善，由于合法性的多维特性以及研究问题的不同，学者对其概念释义也存在着差异。鉴于社会企业是一种新型的组织形式，本书对其合法性研究主要是立足于新制度组织理论，在此仅对组织合法性的代表性概念进行梳理和分析。帕森斯作为组织合法性研究的开启者，把合法性视为一种“在社会系统中对社会价值观方面的组织行为的评价”（John Dowling 和 Jeffrey Pfeffer，1975）。他强调组织行为目标与社会功能的一致性，对价值体系的强调被视为帕森斯对合法性最重要的贡献。在 Maurer（1971）看来，合法性就是“某个组织向其他同类组织或上级组织证明其权利存在的一个过程”，显然这个概念更带有等级和评价色彩。Dowling 和 Pfeffer（1975）同样认为合法性是可以评价的，但相较于自我评价而言更着重文化一致性，认为合法性意味着组织活动或行为所体现出的社会价值与其所处社会系统中可接受的行为标准的一致性（Suchman，1995），这种观点与帕森斯的主张较为一致。与 Maurer 和 Pfeffer 关注组织行为评价不同，Scott（2010）更关注人们对组织行为的感知，认为合法性是“一种反映被感知到的，与相关规则和法律、规范支持相一致的状态，或者与文化—认知性规范框架相亲和的状态，是一种以外部可见的方式来展示的符号性价值”。Suchman 在对已有研究进行分析和整合的基础上，在 1995 年发表的《合法性管理：战略和制度的方法》一文中对组织合法性做出了较为全面，并深受学术界认可的定义，即合法性是一个普遍性的认知和假设，也就是某个实体的行动在一些由规范、价值、信念以及定义建构的社会系统内是合意的、正当的和适切的。正如 Scott 所言，这里所说的“建构的社会系统”就是指一种制度性框架。从以上学者对组织合法性的定义中可以看到，合法性是一种整体和普遍性意义上的认知和评价，而非个人或对具体事件的感知和评价，是被建构出来的，组织的行为活动要与制度环境匹配一致。

结合前文对合法性概念的梳理和分析，本书从一个更广泛的组织社会学视角对合法性的内涵进行理解，并借鉴 Suchman 的组织合法性定义，对社会企业在参与推动心智障碍者就业过程中，在初创时期与制度环境如何互动、合法性获取状况如何以及存在哪些问题等进行研究探讨。

二、合法性获取分析框架

对于新生组织乃至任何组织来说，组织合法性是其维持生存和可持续发展的重要前提条件。合法性对于初创时期的新生企业来说至关重要，在它获利之前合法性往往是无形的，对其进行衡量通常采用合法性来源的方式（Monica Zimmerman 和 Gerald J. Zeitz，2002）。但是，目前学术界对组织合法性来源，即对组织合法性的维度划分没有统一的标准，学者也多是从各自的领域出发对其进行研究，其中具有代表性的划分有：Scott（1995）在对制度三大基础要素进行分析的基础上提出的规制合法性、规范合法性和认知合法性；Suchman（1995）提出的实效合法性、道德合法性和认知合法性，其中又将合法性分为结果合法性、程序合法性以及结构合法性；Singh 等（1986）提出的组织内部合法性和组织外部合法性；等等。以上学者的划分标准为合法性维度研究奠定了重要基础，后来学者多是沿用或稍作修正后使用，其中 Scott 的划分观点被普遍采用。

鉴于本书主要是对初创时期的社会企业合法性进行分析，因此本书主要探讨社会企业的外部合法性。结合前文分析，本书尝试搭建一个合法性获取分析框架，如图 5.1 所示，即社会企业在对自身特征及所在制度环境认知和评估的基础上，驱使社会企业在与外部环境的互动过程中通过获取规制、规范和认知等资源以满足其合法性需求，可以有效推动其经济目标的顺利实现。

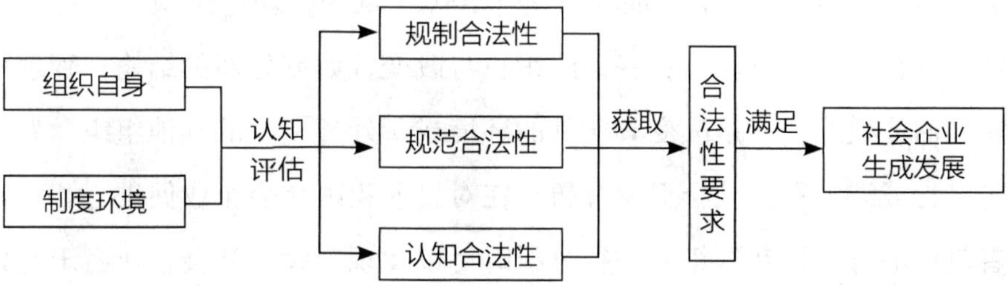

图 5.1　社会企业合法性获取分析框架

第二节　社会企业合法性获取的行为选择

社会企业作为一种新型的组织形式，在其生存成长过程中，尤其是在初创阶段，由于它既没有以往的业绩记录，也没有成熟的本土化组织运作模式，因此它与其他新生组织一样往往遭受外部资源拥有者，如政府、投资方及社会大众等的质疑与挑战。在此情况下，“合法性提供了一个不同于目的理性的决策依据”（Monica Zimmerman 和 Gerald J. Zeitz，2002），具备合法性往往成为外部资源拥有者衡量和判断社会企业潜在价值以及对其输出信任的主要依据。因此，社会企业在成长过程中要正确识别并有效获取合法性，以规避创业风险。前文依据合法性来源构建了社会企业合法性获取的分析框架，在合法性获取机制方面，Suchman（1995）从制度环境视角提出了适从环境、选择环境和控制环境三种组织合法性获取的策略。Zimmerman 等（2002）认为，新生组织至少可以采取两种行动获取合法性：一是组织自身改变，如创建新的结构、管理团队和商业模式；二是改变其所处的环境或所处环境中的其他组织，如宣传广告或游说等。结合上文分析，在对目前我国社会企业促进心智障碍者就业的合法性获取策略进行分析时可以发现，我国社会企业由于尚处于起步阶段，自身规模较小且数量不多，社会影响力较小、社会公信力较差，在规制、规范以及认知合法性资源获取的行为选择上主要采取一种适应性、选择性和创造性的混合型策略，同时针对不同合法性资源选择的行为策略有所偏重。因此，要严格遵守相关规章制度和价值规范，对地理位置、服务项目以及产品市场进行判断和选择，促使社会企业能够持续生存，进而推动改变社会公众对心智障碍者的刻板认知，营造平等参与的融合环境。

一、规制合法性：遵从和适应

顾名思义，规制关涉规章制度。若只从字面意义来讲，“规制”会给人一种约束和压制的情景反应，正如 Scott（1995）所言，它还有一种赋能社会行为的作用，即在相关规制范围内对行动者的行为和权利等的承认和许可。通常而言，由于政府机构、行业协会以及专业协会的权威性，获取其承认和许可并在其规章制度内活动是组织具有合法性，取得社会大众信任的重要前提条件。由于规章制度具有一定的强制性，对于尚处于起步阶段的社会企业来说，远不具备力量对既有规制进行改变，因此规制合法性的获取更主要的是采取遵从和适应的行动策略。

具体来说，这些规章制度中有一部分是由国家政府部门制定的，具有一定的强制性。以社会企业的合法性经营身份获取为例，由于社会企业在我国还是一种新型的组织形式，是一种非营利组织与营利性企业的融合性产物，因此目前尚没有法律法规对其进行明确的身份定位。根据我国实际情况，社会企业要获取合法性身份有两种选择途径：一是选择在工商部门注册，二是选择在民政部门注册。此外，还有一些规章制度是行业准则，特别是对于一些较为成熟的行业来说，已经形成了行业标准和行业规范，已被社会大众接受和认同，若不按相关行业准则行事，就不容易被社会公众所接受。

二、规范合法性：适应和选择

规范合法性是关涉社会公众在社会价值观、惯例传统以及道德规范等基础上对组织及其行为的评价，也称为“道德合法性”。与规制合法性一样，规范合法性在一定程度上对组织及其行为具有一定的限制作用，同时也有使能作用。但规范合法性不是基于组织行为是否对评价者有利的评价，而是基于组织行为是否是“做正确的事”的评价（Mark Suchman，1995）。规范合法性的评价形式有四种：产出和结果评价、技术和程序评价、类别和结构评价以及领导者和代理人评价，分别对应结果合法性、程序合法性、结构合法性以及个人合法性（Mark Suchman，1995）。本书在参考此评价形式的基础上对社会企业获取规范合法性的行为策略进行分析。

社会企业在我国属于新生事物，虽然社会大众对其组织形式比较陌生甚至有所质疑，也没有既有的法律形式和行业标准以供参考，但社会大众对其所从事的服务领域和行为手段却有着较为一致的价值观及道德评判标准，如是否诚信经营、是否货真价实和童叟无欺？创业者的行为品质及能力如何？产品质量优劣及服务专业化程度如何？等等。从此意义来看，规范合法性其实就是一种“美誉度”。

通过分析可以发现，社会企业在获取规范合法性资源时往往采取适应性策略。同时，社会企业也会在对自身情况进行评估的基础上，采取选择性策略去开展经营活动，不会轻易触碰社会价值观和道德规范等社会底线。

三、认知合法性：选择和创新

认知合法性是对组织性质和结构的一种基本的、广为接受的理解和认知框架（Raymond Dart，2004），它的两大核心要素是“可理解性”（comprehensibility）和“广为接受性”（taken-for-granted）。简单来说，认知合法性源于社会大众对组织本身及其行为活动的理解和认知，如果组织及其行为被公众广为认知和接受，那么该组织也就因此获得了认知合法性。认知合法性和规范合法性一样，都是在一定的环境中自发形成的，但后者是基于社会价值观和道德规范做出的“评价”，前者是基于理解和认知的“广为接受”。也正因如此，组织及其行为虽具有了认知合法性，但不一定具有规范合法性，即使在更多情境下两者是一致的。相较于规制合法性和规范合法性，认知合法性的限制性较弱，但对于任何新兴组织来说，获取认知合法性是其创业成功和生存发展的前提条件，这是因为社会大众只有在对组织自身及行为有所认识和了解的基础上，才会做出是否接受、认可的判断和决定。换言之，认知合法性是组织接近社会大众，获得社会大众支持和信任的重要资源，认知合法性其实就是一种“知名度”。

社会企业在初创时期获取不同的合法性资源时，采取的行动策略往往是不同的，它们在对组织自身及制度环境进行综合评估的基础上做出最优选择，如图 5.2 所示。但由于目前社会企业尚处于起步阶段，社会影响力较差并且数量较少，同行之间也缺乏交流和互动，因此在合法性获取的行动过程中较少采用控制环境这种行动策略。

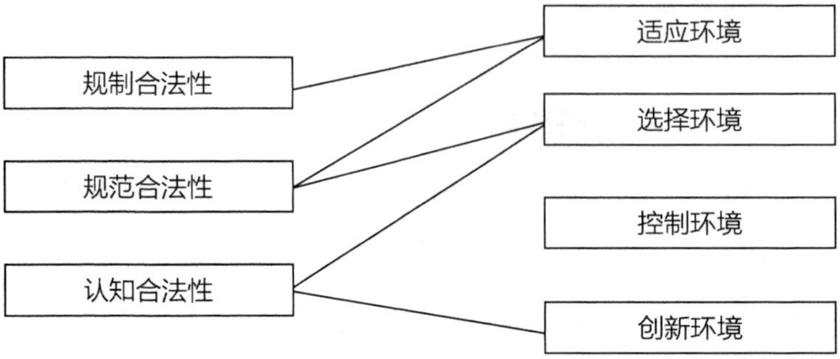

图 5.2　社会企业合法性策略的行为选择

第三节　社会企业合法性策略的行为困境

结合前文对社会企业获取合法性的行为分析可以看出，合法性对于初创阶段的社会企业来说并非先天具备，而要在与制度环境的互动过程中通过采取适当的策略行动加以获得。目前来看，主要遵从和依赖环境进行适应和选择。但社会企业是一种新型的组织形式，相对于非营利组织和营利性企业，其具备独有的比较优势，如果仅在既有的制度环境内进行被动适应和选择，虽然在形式上取得了合法性，但是造成了实效上的正当性缺失，那么社会企业的成长发展和功能效益发挥必将面临诸多问题。总的来说，社会企业在合法化过程中面临的困境主要有以下几个方面。

一、政府缺位和法规制度缺失

我国社会企业的创办和发展主要借助心智障碍者家属和民间社会力量，其创业动机主要瞄准解决心智障碍者的就业问题，为心智障碍者平等融入社会和解决生活照顾困境探索一条可行性路径。目前，在对社会企业这种新型组织形式的探索过程中，政府的角色和功能是缺位的，“社会企业”这一专业术语主要存在于民间话语体系内。2011 年，中共北京市委审议通过的《关于加强和创新社会管理全面推进社会建设的意见》中将“积极扶持社会企业发展，大力发展社会服务业”列为提升社会公共服务水平的重要举措，这也是“社会企业”一词首次出现在政府文件中，但后续配套文件迟迟没有出台。2014 年，广东省佛山市顺德区社会创新中心制定的《顺德区社会企业培育孵化支援计划》，围绕对该区社会企业的认定、扶持和评价监管等做出了较为详细的指导说明，但顺德区社会创新中心是法定机构，根据《佛山市顺德区法定机构管理规定》，法定机构只是一个具有独立法人地位的公共机构，并不是政府职能部门。2015 年，中国残疾人联合会等八部委联合印发的《关于发展残疾人辅助性就业的意见》明确辅助性就业是心智障碍者的主要就业形式。社会企业作为辅助性就业的重要实现手段，其地位和作用在文件中没有体现，相关优惠措施也只对部分社会企业适用。2018 年 4 月，成都市出台了《成都市人民政府办公厅关于培育社会企业促进社区发展治理的意见》（成办函〔2018〕61 号），并陆续出台系列专门性的配套支持文件，开启了地方政府对社会企业发展和治理的初步探索。

与政府角色缺位紧密相连的是社会企业法规制度的缺失。如前文所述，这些规章制度既可以是国家和政府及其相关部门提出，也可以是一些行业准则，按其功能大致可以分为两种：一是确认社会企业的法律地位，保障其合法权益，同时社会企业也要承担相应的法律责任与义务；二是身份的认可，这意味着社会企业的身份在得到许可后，其行为需要接受相关规章制度和行业准则的约束，同时也获得政府相关部门和行业的支持。由于相关法规制度的缺失，大部分社会企业并未得到法律身份认定，只是借鉴西方国家经验时的一种自我称谓，它们为了生存和发展不得不在既有的法规制度下进行选择性登记注册。大致来说，我国目前主要有两种形式适合社会企业登记注册，一种是在工商部门登记注册为营利性企业，另一种是在民政部门登记注册为非营利性社会组织。其中，前者注册应遵守《中华人民共和国公司法》《中华人民共和国公司登记管理条例》《中华人民共和国企业法人登记管理条例》以及其他相关行政法规；后者注册应遵守《中华人民共和国慈善法》《社会团体登记管理条例》《民办非企业单位登记管理暂行条例》以及其他行政法规。总而言之，由于受制于目前政府缺位和现行法规制度的缺失，我国社会企业并未真正获得法律地位，只受现行行政法规的承认和约束，但目前这种“营利与非营利的”二分变量式的法律法规显然无法兼顾社会企业的二元特性，在一定程度上制约了社会企业的成长和发展。

二、社会价值评价体系建设滞后

结合前文的分析可以看到，社会企业获取合法性资源蕴含着社会大众对社会企业及其行为的评价逻辑，主要体现为对社会企业“正确地做事”“做正确的事”“广为接受地做正确的事”的一种判断。由于社会企业在我国还是一种新兴事物，尚未形成“共同理解”的认知框架，评价者在对其做出判断时可能受自身利益、信息获取渠道以及既有文化信念等因素的影响，在不同情境下往往是多变的和不确定的。此外，由于社会企业是借助商业手段达成社会目的的，社会公众对这种经营手段的社会使命信任与否，且商业经营涉及利润分配，由此带来的营利纷争也是理解社会企业合法性问题的一个关键议题。这些问题的解决需要一套在理性和客观基础之上的社会企业社会价值评价体系，就目前而言，这套体系的建设还处在零起步阶段。

与商业企业和公益慈善组织不同，由于社会企业的创立动机是双重价值驱动型的，即要同时兼顾经济价值和社会价值，因此显然不能将适用于商业企业的单一财务指标和适用于公益慈善组织的单一社会使命指标照搬，否则会导致社会企业的使命飘移和效率低下。同时，社会企业涉及的利益相关者也是多元的，如股东、投资方、消费者、员工、家长以及政府等，这些都表明社会企业社会价值评价体系是一套综合性的、涉及多方利益需求的整合框架，它的建立对于社会企业获取合法性资源具有重要意义。近年来，在我国民间力量和学术团体的推动下，社会企业认证标准建设也取得了初步成就，如《中国慈展会社会企业认证办法（试行）》和《顺德区社会企业培育孵化支援计划》等，除去认证标准的权威性和可推广性，其认证条件中的核心考量指标仍然是利润分配，这也将一些组织形式如合作社、有社会责任担当的商业企业等排除在外。借鉴欧美国家和我国港台地区社会企业的三重底线观点，我国大部分地区社会企业的社会价值评价体系可尝试从社会价值、经济价值、环境价值和政策价值四个方面进行构建，应采用定性与量化指标相结合的方式合理确定各部分权重，弱化对利润分红的过度关注，进而在这套体系基础上对社会企业合法性身份进行认定和支持，并对其进行监督和管理，从而推动其可持续发展。

三、产品或服务创新性不足

社会企业虽然不以追求利润最大化为最终目标，但其需要借助商业经营行为实现资金上的可持续运作，这种经营行为的输出形式在程序上表现为与普通商业企业一样平等参与市场竞争，在结果上表现为产品或服务。产品或服务质量的高低直接关乎社会企业能否接近消费者并获得认可，进而关乎社会企业取得商业运营成功与否和社会目标能否顺利实现。在此意义上说，产品或服务质量是社会企业可持续发展的重要条件，这就要求社会企业在创业之初就要对产品或服务进行理性选择，并对目标消费群体进行准确定位。由于心智障碍者的特殊性，社会大众仍难免对其存在诸多质疑，在市场竞争中与同类商业企业相比并不占优势，也并不利于社会企业合法性资源的获取。

为了提升产品或服务的市场竞争力，社会企业必须进行产品或服务创新，这也是社会企业的最大竞争优势。然而从目前来看，我国社会企业的创新能力显然是不足的，其产品或服务多是对日本或我国台湾地区经验的同形化模仿。在经验的借鉴与仿效过程中，由于忽略对文化与社会环境的考虑，社会企业的产品或服务仍面临接受和认可窘境。当然，并不能否认这些经营手段的适切性，更不能否认经验借鉴的必要性，重要的是我国社会企业要结合心智障碍者的身心特点始终秉承“蓝海”思维，创新探索适合本土文化及社会环境的产品或服务，在创新中提升质量管理水平，建立品牌，避免陷入“红海”困境。

本章小结

与其他组织行为一样，合法性的获取是社会企业促进心智障碍者就业行动过程的主要行为策略，社会企业合法性资源的获取是在与外部制度环境的互动过程中完成的。本章在对社会企业合法性构建分析框架的基础上，探讨了社会企业在促进心智障碍者就业的行动过程中获取规制合法性、规范合法性和认知合法性资源时所采取的不同行动策略，并就社会企业在促进心智障碍者就业中面临的合法性困境进行了论述分析。合法性对于社会企业的成长发展至关重要，这些合法性资源的获取有助于社会企业获得关乎自身成长发展的关键资源。有必要为社会企业的合法化营造一个良好的包容性制度环境，而不仅是社会企业为了追求形式上的合法性而被动合法化。更重要的是，制度环境对于社会企业是适当的和积极有效的，这样才能真正有助于社会企业的比较优势和社会功能的充分发挥，有助于推动社会企业的规范性和可持续发展。

第六章

社会企业促进
心智障碍者就业的行为优化

社会企业的自身特性及其与心智障碍者身心特征的契合性，使其在很大程度上成为促进心智障碍者就业的新生力量，这对推动心智障碍者乃至残障人士无障碍融入就业环境，共享经济社会发展成果具有积极影响。然而，结合上文分析发现，无论是社会企业的创业行为还是社会企业合法性策略的行为选择，都受到了诸多因素的制约，这些制约因素既有制度和社会因素，也有社会企业自身的原因。本章结合上文的分析，在对我国残疾人就业促进和服务发展趋势进行研判的基础上，借鉴社会企业促进心智障碍者就业的先进经验，重新思考社会企业促进心智障碍者就业行为的角色定位和优化措施。

第一节　我国残疾人就业促进和服务的发展趋势

就业是民生之本，对于残疾人乃至心智障碍者而言，劳动就业在一定程度上可以使其实现生活上的自立、自足和自信，使其从单纯依靠国家、社会、家庭及亲属救济、救助和供养照顾逐渐转变为自食其力的独立劳动者，有助于改善其社会地位和生活状况，是其充分、全面参与社会生活以及享有和普通人一样的基本权利的重要前提和特征体现，对于全面构建社会主义和谐社会具有突出意义。中华人民共和国成立尤其是改革开放以来，在党和政府、残联部门和社会力量等主体的支持推动以及相关政策制度的创设指引下，我国每年新增城镇残疾人就业人数稳中有进，残疾人的生活质量和水平得到保障并大幅提升，残疾人就业促进和服务体系建设取得巨大进步。但是，残疾人就业问题仍不容乐观，随着我国经济社会的全面深度转型，残疾人就业尤其是心智障碍者等就业困难群体实现就业的供需矛盾更加突出和复杂，推动残疾人就业工作任重而道远。在中共十七大第一次将民生建设摆在突出位置、中央做出我国经济发展进入新常态的科学论断以及“大众创业、万众创新”的时代背景下，为有效迎合我国残疾人就业促进和服务格局呈现的新变化和新特点，需要对我国既有残疾人就业促进和服务的政策制度进行适当的调整。

一、残疾人就业促进和服务需求的变化

中共十八届五中全会认为，“十三五”时期是全面建成小康社会决胜阶段。残疾人作为社会弱势群体中的特殊群体，不断深入推进和落实其就业促进与服务工作是全面建成小康社会的重大命题。自改革开放以来，我国大部分地区在对包括就业促进政策在内的残疾人，社会支持政策的目标定位长期停留和局限于补偿救助和兜底保障，以致我国残疾人口距全面建成小康社会的差距更大。从长远来说，这种目标定位下实现的残疾人小康也不具有可持续性。这就要求我国基于残疾人就业需求，对残疾人社会支持政策重新进行目标定位。随着经济社会的快速发展，残疾人的就业需求不仅仅是解决生存温饱问题，更是对其就业权利的维护。具体来说，残疾人就业促进和服务需求的变化主要表现在以下方面。

（一）从重就业数量到重就业质量的转变

从就业层面来讲，社会主义制度优越性的重要体现之一就是劳动者能够实现体面劳动和有尊严、幸福地生活。2010 年 4 月 27 日，在全国劳模和先进工作者表彰大会上，胡锦涛同志曾指出“让广大劳动群众实现体面劳动”。2010 年两会期间，温家宝同志在《政府工作报告》中正式做出“我们所做的一切都是要让人民生活得更加幸福、更有尊严”的阐述。根据国际劳工组织编制的“体面劳动”的 11 个主要指标，即“就业机会、表述准确、足够的收入和生产性工作、合理的工作时间、工作的稳定性、就业公平待遇、劳动安全、社会保障、工作与家庭生活、社会对话与劳动关系以及经济和社会因素”（张国庆，2003），可以看出，“就业机会”主要是用来衡量就业数量的，除“经济和社会因素”外的其

他指标主要是衡量就业质量的（刘素华，2005）。“有尊严地生活”的衡量指标主要体现为人格被尊重、工作被尊重、权利被尊重以及情感被尊重（吴甘霖，2010），这些方面的尊重更多的是一种对生活或职业质量诉求的体现。综上所述，广大劳动群众能否实现体面劳动，过上有尊严的生活，主要就是要处理好就业质量和数量的关系，其中就业质量所占的比重应该更大。我国既要看到急需开发就业岗位的重要性，又要深刻认识到就业质量问题的严峻态势。低劣的就业质量不仅会影响就业数量，更会使劳动者的权益受到损害，长此以往会制约整个就业工作的顺利推进和可持续发展。对于残疾人来说，我国现行的残疾人就业促进制度面临的问题更加突出。

长期以来，我国残疾人人口基数大，残疾人就业率不高。从我国历年残疾人事业发展统计公报和残疾人事业发展纲要来看，我国在较长时间内对残疾人就业情况的衡量主要是就业数量，即现有残疾人就业人数和年新增就业人数。以《中国残疾人事业“十一五”发展纲要（2006年—2010年）》为例，该“五年规划”中“就业与社会保障”的任务目标之一是“城镇新增残疾人就业75万人，农村残疾人稳定就业1800万人”。但目前我国残疾人就业安置方式主要是集中就业和按比例分散就业，两者在运作过程中存在诸多问题。集中就业安置主要依靠社会福利企业，我国社会福利企业的投资主体在经过20世纪80年代后期和90年代初的改革后，主要为政府出资兴办的国家社会福利企业和吸纳社会资金主办的集体社会福利企业。这种投资主体的限制，加之高比例的残疾职工安排要求，随着社会主义市场经济体制改革的不断推进和深入，极大地弱化了其市场竞争力，“使残疾人的集中就业变为一种单纯的福利，不利于残疾劳动者晋升等职业生涯的发展，因此集中就业制度并没有保证残疾人完全、平等地参与经济社会活动”（卿石松，2008）。按比例分散就业制度的主要问题有“挂靠就业”现象层出不穷、劳动合同签订率低下以及残疾人职工参保率低等（卿石松，2008）。上述诸多问题的存在不得不引起我国对这项既有残疾人就业促进制度的深刻反思，它们在几十年的实践中证明了这是解决残疾人就业问题不可或缺的有效方式和路径，其背后蕴含的“就业数量”思维逻辑并不能最大化地保证残疾职工在薪酬、晋升等方面获得合理的平等机会，甚至出现了很多“挂靠式”就业现象，即残疾人的就业质量没有得到实质性保障。

《中国残疾人事业“十二五”发展纲要（2011年—2015年）》中“就业”的主要任务之一是“完善残疾人就业促进和保护政策措施，稳定和扩大残疾人就业，提高残疾人就业质量，鼓励残疾人创业，城镇新就业残疾人100万人”。从中可以看出，我国政府已经充分意识到既有残疾人就业促进制度存在“有就业形式而没有就业实质”的现象，明确提出了“提高残疾人就业质量”这一战略理念，虽然没有具体的指标细则，但对我国重新认识和把握残疾人就业、促进制度的进一步优化和转向具有重要的启发性意义。

（二）心智障碍者的就业问题日渐突出

按照《残疾人残疾分类和分级》的分类原则规定，我国残疾人类别主要有肢体残疾、视力残疾、言语残疾、听力残疾、智力残疾、精神残疾和多重残疾。长期以来，由于社会对智力残疾和精神残疾患者存在认识误区以及较之其他几个残疾类别更严重的歧视性偏见，因此心智障碍者的就业问题一直没有得到足够的重视。虽然我国政府在实践中逐渐探索形成了以集中就业和按比例分散就业等为主的一些行之有效的就业安置方式，现行的残疾人就业促进制度也明确提出了“国家机关、社会团体、企事业单位、民办非企业单位应当按照规定的比例安排残疾人就业”的强制性规定以及“国家鼓励和扶持残疾人自主择业、自主创业”的激励性支持帮助，但由于心智障碍者独特的“缺陷”，致使其生活自理和社会适应能力受限，较之视力残疾、肢体残疾、言语残疾和听力残疾等残疾人自主择业和创业的难度加大，加之现有就业安置方式存在的问题和局限性，即便雇主由于制度强制性安排残疾人就业，在利益驱使下也存在一定的用人偏好。可见，具有普惠特征的就业促进措施并不能很好地解决心智障碍者的就业难题。

心智障碍者主要属于非传染性疾病致残且后天获得性残疾，与经济和社会因素具有一定的关联性，并且呈现正相关态势，其作用机制主要是社会、经济、环境和行为交互作用的结果。经济与社会快速发展的最直观体现蕴含于城市化与工业化进程之中，城市化与工业化的加速推进也较快催生了社会的风险。不可否认，虽然现今社会物质生活水平获得了极大的改善，但随着食品安全、环境恶化、药物滥用和生活压力等问题的日益显现和突出，使人们的心理、神经和精神疾病等的健康风险都极大增加。

从需求角度来看，和普通人一样，工作和就业既是心智障碍者乃至残疾人的社会需求，也是他们实现自立、自信和自尊的重要途径。然而由于自我异类感、社会歧视和无障碍设施匮乏等原因，残疾人的就业需求并未得到足够的关注和重视。随着国家和政府对民生建设的日益重视、全面建成小康社会的协调推进、社会治理体制的深化改革以及公民权利意识的觉醒和提升，残疾人工作在普惠性的基础上将逐渐突出特惠性和发展性，更加关注心智障碍者等残疾人群体中特殊困难群体的就业、照顾及其他社会需求，使其更好地融入和回归社会。

二、残疾人就业政策供给的多元化

当前，我国初步构建了较为完整的残疾人就业促进和服务政策框架。该框架体系的进一步健全和完善需要从供给侧和需求侧同时发力。所谓供给侧，即国家和政府应该对残疾人就业秉持更加科学的发展目标和理念，整合多方资源，不断推动残疾人就业支持政策体系的制度建设、政策创新和机制完善。所谓需求侧，是指要充分考虑和把握好两个特性，即残疾人就业需求的特殊性和劳动力市场供求的匹配性。前文从需求侧角度对残疾人就业促进和服务需求呈现的新变化做了简要阐述，而从供给侧角度来看，残疾人就业政策表现出的新状况和新特点呈多元化态势，具体表现在以下几个方面。

（一）政策目标：从“生存保障”到“融合发展”

残疾人就业政策目标的定位，关键在于建立一套合理的残疾人就业政策体系。作为残疾人社会保障政策的重要组成部分，我国残疾人就业政策的目标定位和理念发展也在某种程度上受到国际社会政策目标演变的深刻影响。国际社会政策学术界认为，社会政策的基本目标定位经历了从“克服贫困”到消除“社会排斥”的发展转变（唐钧，2002），我国残疾人社会政策的发展模式经历了从基于仁政的居养模式到基于人道主义的自立模式，再到基于社会权利的发展性模式的三阶段转变（杨立雄，2014）。从我国残疾人社会政策发展模式转变中分析我国残疾人就业政策的目标定位，主要呈现两个发展阶段。

第一阶段为中华人民共和国成立到20世纪80年代，这一阶段的残疾人就业政策是以“生存保障”作为目标和基本出发点的。该时期残疾人中绝大部分是革命伤残军人，为了充分体现社会主义制度的优越性和维护社会稳定，国家主要通过建立残疾人福利企业的方式，集中安排一些具有劳动能力的残疾人就业。这种就业形式的实施更多关注的是社会目标，而非残疾人个人权利，特别是囿于当时经济发展水平较低和对公民基本权利认识不明确，相关辅助性政策配套不力，这一阶段我国残疾人就业政策的目标定位也仅仅停留在保障残疾人的基本生活上。

第二阶段为20世纪80年代以来，残疾人就业政策的目标定位逐步转变为“融合发展”，即尊重和保障残疾人的劳动权利，注重残疾人就业能力提升，和普通人一样融合于社会，共享经济社会发展成果。如果说我国残疾人就业政策在第一阶段更多体现的是人道主义理念，那么在第二阶段主要体现的是社会公平、公正理念。1988年《中国残疾人事业五年工作纲要》颁布实施后，一些地区开展了残疾人按比例就业试点工作；1990年公布出台的《中华人民共和国残疾人保障法》明确提出“国家保障残疾人劳动的权利”，以及“集中安置就业、按比例就业和自主择业创业”三种就业形式；2011年制定出台的《中国残疾人事业“十二五”发展纲要》提出了“大力推进职业康复劳动项目，促进智力和精神残疾人辅助性就业”和“政府开发的适合残疾人就业的公益性岗位，应优先安排残疾人就业”；2013年初中国残疾人联合会、中国智力残疾人及亲友协会和国际劳工组织合作开展了“成年智障人士支持性就业项目”全国试点工作。这些残疾人就业政策的出台颁布和就业项目的落地实施，有效保障了残疾人就业的优先权（杨立雄，2014），同时，按比例就业、自主择业创业以及支持性就业的提出，很好地推动了残疾人就业从“庇护”向“竞争”的逐步转变，通过相关配套政策的制定和完善，我国更加注重残疾人个人发展和就业能力的提升，从而使其更好地、真正地融入社会。

（二）政策结构：从“普适”到“精准”

“与年龄、种族和性别相比，对残疾的定义或测度更为复杂，因此有关残疾人政策的制定也是复杂的，残疾是一个动态过程，而非简单的静态分类”（Richard V. Burkhauser 和 Mary C.，2002）。从此意义上说，残疾人就业政策结构也是动态的，相关政策的出台制定也随着政策制定者对残疾的认识而不断调整，残疾人就业促进和服务政策也概莫能外。“中国残疾人就业政策结构的形成是伴随着中国市场经济的发展与和谐社会主义建设的深化而演变的”（杨伟国、代懋，2007）。回顾我国残疾人就业政策的结构演变，自中华人民共和国成立尤其是改革开放以来，结合残疾人和劳动力市场的属性特点，我国基本上构建了一个较为全面的以《中华人民共和国宪法》为指导，主要涵盖残疾人竞争性就业、保护性就业、辅助性就业和自主创业的残疾人就业政策框架，有效推动了我国残疾人就业数量和就业质量的稳步提升，不仅残疾人的人权得到了保障，其相关成就也得到了联合国以及国际社会的普遍关注和高度赞誉。但一个不容忽视的事实是，我国既有的这套残疾人就业政策体系除《中华人民共和国宪法》外，多是行政性法规和规章制度，缺乏强制性，原则性较强，随意性较大，且在一定程度上具有一些道义性色彩。此外，由于对残疾人的“社会性”和“个别化”的认识不足，我国现有残疾人就业政策的结构框架虽然较为全面，但除少量的辅助性政策外，如心智障碍者康复等，在很大程度上是一种普适性政策体系，并没有充分考虑不同类别、不同层级残疾人的生理特点和就业需求。

与普通人一样，残疾人就业是减缓残疾人贫困的一个重要手段。随着2013年11月“精准扶贫”理念的提出，2014年1月“精准扶贫”模式的顶层设计以及2015年10月“精准扶贫”方略的实施，使精准扶贫成为我国打赢脱贫攻坚战、2020年全面建成小康社会的重要举措。“全面小康是全体中国人民的小康，不能出现有人掉队”①，残疾人精准扶贫理应是我国精准扶贫攻坚工作的重要组成部分。要进一步发展我国残疾人的就业事业，就要把制度建设摆在突出位置，这就要求我国现有残疾人就业政策在深化和扩展中更加突出“精准”，在就业安置岗位设置、就业项目设计、就业扶持经费的使用以及就业安置形式等方面充分考虑残疾人的实际就业需求，切实保障残疾人的就业权利更加科学和人性化地实现。

（三）政策主体：以政府为主到政社合作

我国残疾人就业政策的主体变化是与伴随着经济体制改革下的残疾人就业模式演变密切相关的。自中华人民共和国成立至今，我国残疾人就业模式大致经历了以官办福利企业集中就业为主（1949—1977年）、社会办福利企业集中就业为主（1978—1992年）以及多渠道就业（1992年至今）三个阶段（杨河清、郑宇硕，2005）。在计划经济下，我国残疾人就业政策的主体是政府，它既是残疾人就业政策的决策主体，又是残疾人就业政策的执行主体和监督主体。中共十一届三中全会的召开开启了我国社会主义市场经济体制改革的序幕，随着对福利企业本质认识

① 习近平主席于2015年10月16日在2015减贫与发展高层论坛上的主旨演讲。

的加深，集中安置就业问题的凸显以及社会、经济的发展，国家和政府开始逐步动员和吸纳社会力量参与，我国残疾人就业政策的主体开始转变为“以政府为主导，社会力量广泛参与”。中央层级先后制定的五个“五年计划纲要”，即《中国残疾人事业“八五”计划纲要（1991 年—1995 年）》《中国残疾人事业“九五”计划纲要（1996 年—2000 年）》《中国残疾人事业“十五”计划纲要（2001 年—2005 年）》《中国残疾人事业“十一五”发展纲要（2006 年—2010 年）》《中国残疾人事业“十二五”发展纲要（2011 年—2015 年）》中，都将“坚持社会化工作方法”作为一项重要指导原则加以明确规定，《“十三五”加快残疾人小康进程规划纲要》同样明确提出“坚持政府主导与社会参与、市场推动相结合”的指导方针，主张通过鼓励和引导社会力量参与，充分开发社会资源支持推动残疾人乃至心智障碍者就业保障和服务能力的提升。随着国务院办公厅《关于政府向社会力量购买服务的指导意见》（国办发〔2013〕96 号）和财政部等六部委《关于做好政府购买残疾人服务试点工作的意见》（财社〔2014〕13 号）等文件的颁布实施，我国残疾人就业政策的主体关系正在逐步转化为政府和社会资本间平等的合作伙伴关系。

（四）政策空间：从实体走向虚拟

如前文所述，截至目前，我国残疾人就业安置的主要方式有集中就业、按比例就业和个体就业及其他形式灵活就业。其中，残疾人个体就业和灵活就业也可称为“自主就业”。数据显示，残疾人自主就业的规模已远远超过集中就业和按比例就业两种残疾人就业形式。集中就业的主要载体是福利企业，1985 年民政部召开的全国社会福利生产改革工作经验交流会上明确指出：“社会福利工厂是特殊性的企业，福利生产本质上属于企业的范畴，而不是属于事业的范畴，企业是其基本属性。”按比例就业本身就是要让残疾人参与市场活动，但是残疾人自主就业因资金和场地限制也多是从事一些能维持温饱的传统经营项目。这三种就业形式的经济特征有一个共性，即实体性。不可否认，这种经济实体性质的就业形式对于保障残疾人就业人数和维护社会稳定具有重要作用，但在实际应用中也存在诸多不足，如福利企业的市场滞后性、按比例就业的“挂靠现象”以及个体就业的风险性等，都在一定程度上阻碍了残疾人的参与和发展。

随着科学技术的迅猛发展，人类社会进入一个更加注重知识和信息等人力资本的知识经济时代，或称为“虚拟网络时代”。原本更加注重物理资本的各种经济活动也逐渐从线下转移到线上，“它将空间地理特征完全扁平化，消解了空间距离所形成的物理障碍，使残疾人能够和健全人完全无差别地参与虚拟网络社会的各种经济活动”（吕洪良，2010）。以虚拟网络为媒介的各种商务经济活动将是经济社会发展的应然趋势，如果既有残疾人就业形式的发展和完善更注重现实空间的融入、参与和回归社会，那么电子商务的发展无疑拓展了残疾人在虚拟空间中的融合与回归，但电子商务毕竟是新生事物，这就要求政策制定者在熟知电子商务技术的基础上因势利导，对既有残疾人就业政策进行适当调整和扩展，制定出台相关扶持优惠措施，逐步探索和推动残疾人电子商务就业的可持续发展。

第二节 社会企业促进心智障碍者就业的成功经验

在欧美、日本等发达国家以及我国港台地区，社会企业的功能和作用已得到政府和社会的普遍接纳和认可，就业整合型社会企业在推动和促进弱势群体就业方面发挥着积极作用。但在我国大部分地区，由于社会企业的发展在整体上还处于理念倡导期，虽然近些年在心智障碍者就业促进领域也出现了一些社会企业的成功经营模式，但仍处于探索和模仿阶段。因此，全面了解和借鉴社会企业促进心智障碍者就业的成功经验，无论对推动我国社会企业的培育与发展，还是对促进成年心智障碍者就业都具有重要的现实意义。

一、日本：天鹅面包坊

（一）天鹅面包坊简介

天鹅面包坊作为一家社会企业，是日本大和运输集团公司的特例子公司，于1998年6月在日本东京银座创办，开展的主要经营业务是面包和咖啡的制作生产、销售和配送，员工主要是身心障碍者。天鹅面包坊的创立动机来自大和运输集团宅急便创始人小仓昌男对日本身心障碍者就业难、福利作坊待遇低这一社会问题的关注，它创立的目的是对身心障碍者的就业服务进行创新，以一般消费者为导向生产产品，破除身心障碍者工资待遇低的障碍，实现有尊严地就业。目前，天鹅面包坊共开设有4家直营店，24家加盟店，网点遍布日本各地，有350名以上残障员工（其中70%以上为心智障碍者）和数百名非残障员工一起工作，残障员工薪水是当地其他公司的2倍，是日本一般性福利作坊的近10倍，基本实现了经济独立。

（二）天鹅面包坊的行动特点和优势分析

天鹅面包坊是日本社会企业的成功典范，它是由一个企业家自发创办的社会企业。从创业角度来分析，独特的经营理念和运作模式是其成功的重要前提，这也恰是心智障碍者的优势和需求所在。

1.“特例子公司”的运作策略与模式

“特例子公司”制度是日本政府为促进身心障碍者就业、鼓励企业聘用身心障碍者而制定的。《残障者雇用促进法》规定，日本企业有雇佣身心障碍者的责任和义务，雇佣人数参照法定雇佣率，每多雇佣一名身心障碍者，政府奖励其一定金额的雇佣调整金，每少雇佣一名身心障碍者，处罚其一定金额的雇佣缴纳金。此外，特例子公司雇佣的身心障碍员工可以并入母公司计算整个公司的身心障碍者雇佣率。天鹅面包坊作为大和运输集团的一个特例子公司，它在帮助母公司大和运输集团公司达到身心障碍者法定雇佣率的同时，还通过减少身心障碍者雇佣缴纳金帮助大和运输集团公司降低成本。对于天鹅面包坊来说，其创业初期所需的资金、人才和业务等资源均来自母公司大和运输集团公司，以及小仓昌男由个人资产设立的大和福祉财团，三任社长均来自大和运输集团（前任社长海津步曾在母公司负责市场开发，现任社长冈村正曾在母公司负责经营战略部工作）。天鹅面包坊为偏远及人口稀疏地区提供的上门配送服务是依靠大和的宅急便服务网络完成的，这些都为其成功创业奠定了稳定的发展基础。对于身心障碍者来说，特例子公司的运作模式和策略降低了其就业门槛，由于天鹅面包坊的员工大部分是心智障碍者，所以在这样的工作环境中，他们减少了受歧视感，获得了更多成就感。

2.“正常化”的内部治理

为了实现对身心障碍者的持续雇佣和有效管理，着实提升其就业质量，天鹅面包坊自身心障碍员工入职开始，就通过持续性的“正常化”方法对其进行就业支持并开展有效管理。总结起来，主要包括以下环节。①重塑自信。对新入职的身心障碍员工，天鹅面包坊首先让其重新找回自信和勇气，不断鼓励他们。诚如天鹅面包坊前任社长海津步在一次访谈中所言：“他们（身心障碍者）中的大多数从生下来开始，就对自己没有自信。所以，要用‘现在的你很棒’之类能够激发其自信心的做法来鼓励他们。”此外，天鹅面包坊还注重员工人际关系的营造和工作环境的建设，如规定要“微笑着打招呼、不在背后议论和非议他人”等，强调权利与义务平等，形成一种互相信任、互助支持和赞赏接纳的包容性工作氛围，并积极鼓励身心障碍员工通过参与行业性竞赛提升自信心，一些身心障碍员工还考取了生活指导员资格。②分工增能。天鹅面包坊相信每一名身心障碍员工和健全员工一样都有长处和优点，并不断去鼓励和支持他们发掘内在潜能，结合身心障碍员工的工作特点对工作流程进行细化分工，形成了简单和格式化的工作板块，当其在某个环节的能力和信心得到提升并完全掌握相关技能后，再挑战和承担其他环节工作，逐渐承担多工种工作，这在一定程度上也降低了因分工过细造成的高成本问题。③自我监督。天鹅面包坊为了规避因健全人监督身心障碍者工作带来的负面效果，创新性地让身心障碍员工进行自我监督与管理，提高了他们的主人翁意识和责任使命感，同时也极大地提升了身心障碍员工的自我价值感。

3. 商品持续创新下的市场竞争力

天鹅面包坊作为一家社会企业，不仅将企业能力和公益能力简单结合，而且在立地评估、店面设计、产品生产与服务提供基础上，结合身心障碍者的工作特点和消费者的需求不断进行创新，使其在同行业市场中有着稳健的经营力和持续竞争力。

二、中国台湾地区：喜憨儿社会福利基金会

（一）喜憨儿社会福利基金会简介

喜憨儿社会福利基金会作为社会企业由非营利组织发展转型，本着以“为心智障碍者开创生命的尊严与生存的喜悦”为使命，以“终生教育、终生照顾”为愿景，以“自立自强”为目标，由苏国桢、萧淑珍夫妇以及其他心智障碍者家长发起成立，其前身为成立于 1992 年的地区性人民团体“高雄市心智障碍者福利促进会”，1995 年筹募 500 万新台币注册成立财团法人喜憨儿文教基金会，并于 2001 年正式更名为“喜憨儿社会福利基金会”。为了帮助心智障碍儿童成长和自立，基金会秉持“授

鱼不如授渔”的理念，于1997年在高雄成立了第一家喜憨儿烘焙屋，并在1999年成立第一家喜憨儿烘焙餐厅，开始了非营利组织产业化经营的探索和创新。截至2015年底，喜憨儿社会福利基金会在高雄、台北、新竹和台南四个地区设有30多个烘焙屋、餐厅及工厂等服务点对外开放。根据喜憨儿社会福利基金会年度社会福利成果报告的数据统计，2015年其为486位心智障碍者提供就业服务，累计提供就业服务72586人次；2020年其为858位心智障碍者提供就业服务，累计提供就业服务87485人次。[①]从基金会2016的财务数据来看，2016年各项经费收入总计约6.38亿新台币，其中55%来自经营性收入，25%来自社会捐赠，20%来自政府补助[②]，这改变了以往福利工厂和非营利组织高度依赖政府补助和社会捐赠维持生存的困境，极大地提升了其服务自主性。

（二）喜憨儿社会福利基金会的行动特点和优势分析

喜憨儿社会福利基金会的服务对象主要是心智障碍者，从创意、创新到创业，通过产业化经营的运作方式，摆脱了第三部门对政府补助和社会捐赠的高度依赖，在践行帮助心智障碍者自力更生理念的同时，也实现了组织的永续生存和可持续发展。喜憨儿社会福利基金会的成功运营主要有以下三个方面的因素。

1.组织外部资源的吸纳与整合

由于喜憨儿社会福利基金会在创办之初是典型的非营利组织，经营性收入不足，因此资源的开创、吸收和整合对其生存极为重要。在喜憨

① 数据来源：台湾喜憨儿社会福利基金会网站。
② 数据来源：台湾喜憨儿社会福利基金会董事会议资料，2017年4月21日。

儿社会福利基金会创业初期，其资金来源主要有三个。一是与企业合作，获得爱心捐助或签订合作契约。二是通过政府补助、政府购买服务以及参与政府举办的相关活动等方式获得经费支持。三是通过开展社会活动募集经费。喜憨儿社会福利基金会自创业开始，不断整合政府及社会资源，并基于“信赖”与各利益相关者进行持续互动，为基金会创业成功和扩张发展打下了重要基础。

2. 组织内部专业化的经营与管理

除了大力开创和整合政府及社会资源外，喜憨儿社会福利基金会还注重自身的专业化经营与管理，概括起来主要有以下几个方面。①企业化的治理结构。为了充分保障在追求社会效益最大化的同时，又有稳定的经费来源支撑组织持续运作和发展，喜憨儿社会福利基金会对组织架构进行了创新，即将基金会一分为二：区隔为专注于社会价值的社会福利部门和专注于经济效益的福利事业部门，将管理部门置于两个部门之外，对两个部门进行统筹协调和评估监督，引入 POS 和 ERP 系统，并在 2009 年将目标管理改用平衡计分卡作为绩效管理工具，成功将企业管理理念融入基金会价值体系。②注重责任信用建设。喜憨儿社会福利基金会在与利益相关者的合作与互动中，注重双方价值与需求配合，定期公开财务收支情况，注重产品品质，严格把关食品质量与安全，并通过了 ISO22000 和 HACCP 国际认证等。这一系列举措得到了利益相关者、消费者及社会大众对喜憨儿社会福利基金会双重价值理念的信赖和认同。③强烈的品牌意识。喜憨儿社会福利基金会自创立之初就十分注重形象品牌、产品与服务的提升。在形象品牌设计方面，喜憨儿社会福利基金会利用代表明亮与亲切、纯真与自在的颜色（黄色和白色）作为底色，设计个性识别度较高的Logo。在产品与服务品牌方面，喜憨儿社会福利基金会从心智障碍者的特征和消费者的需求出发，将喜憨儿角色定位于“工作训练”，根据心智障碍者的障碍程度有计划地进行分工参与产品生产、接待、清洁、收银和包装等多个环节的工作；为了保证产品与服务品质，提升市场竞争力，招聘专业糕点师傅和西餐大厨等负责产品研发设计和质量管控。此外，基金会注重产品、服务的多元化和差异化创新，凭借“典范转移、核心能力和创新价值”（苏国桢，2004）的经营模式创造了“喜憨儿”的品牌价值。

3. 社区为本的发展定位

喜憨儿社会福利基金会自创业之初就坚持将烘焙坊和餐厅等开办于社区之中，为心智障碍者提供技能培训场所和就业机会。此外，基金会还将6~8个心智障碍者组成一个小组，并配备1~2名辅导员担任社会监护人，组建具有“类家庭”性质的社区家园，为心智障碍者提供生活照顾并培养其基本生活技能。通过这些举措可以看出，喜憨儿社会福利基金会并没有将心智障碍者置于一个隔离的工作与生活环境中；相反，社区的工作和生活使他们与社区居民建立了关系，促进了他们与社区居民的互动，使他们很好地融入社会，消除了他们在庇护工厂的社会排斥感，且逐渐改变了社区居民对心智障碍者的刻板印象，无形中宣传和倡导了对心智障碍者关怀的价值理念。

三、社会企业促进心智障碍者就业的成功经验启示

通过对日本天鹅面包坊和中国台湾地区喜憨儿社会福利基金会社会

企业促进心智障碍者就业成功经验的考察不难发现，虽然两个社会企业的创业发起方不同，但在行动过程中都注重外部资源的获取以及自身能力的建设，对我国其他地区培育和发展社会企业促进心智障碍者就业有着诸多有益启示。

（一）注重多元化资源的发掘和利用

社会企业在发展过程中，尤其是在创业初期，普遍面临资源短缺的问题，因此充分发掘和利用市场资源和非市场资源具有很大的推动作用，其中市场资源包括消费者、供应商以及合作伙伴等，非市场资源主要指政府、新闻媒体、社会公众、社会组织、志愿者乃至心智障碍者本人等。可以看到，虽然日本天鹅面包坊和中国台湾地区喜憨儿社会福利基金会的创业者分别是“商业企业”和“非营利组织”，但日本天鹅面包坊是对“特例子公司”制度或《残障者雇用促进法》的主动回应，并借助其强大的母体公司资源进行创业；中国台湾地区喜憨儿社会福利基金会在创业初期，政府补贴及社会捐款是其主要经费来源，所占比例高达85%~90%。官有恒、杜承嵘（2011）研究认为，中国台湾地区的社会企业发展与政府的政策法规有着密切关系，通过政府协助推动社会福利市场化，工作整合型社会企业快速蓬勃发展。此外，无论是日本天鹅面包坊还是中国台湾地区喜憨儿社会福利基金会，都特别注重产品创新和品质的提升，而这也是其得以保持独立自主和可持续发展的重要原因。

对处于初创阶段的社会企业来说，由于自身尚未积聚一定的无形资源，并且我国社会企业的生成路径是“自下而上”的，更需要注重外部环境中多元化资源的发掘和利用，因此这就要求社会企业自身不仅要发挥能动性和创造力，政府和社会力量也要充分发挥作用，如政府要出台完善相关法律法规和政策扶持，研究落实政府向社会企业购买心智障碍者就业服务项目等，社会力量也要为社会企业创业提供舆论宣传、人力、资金和技术等支持，进而营造良好的社会氛围。

（二）树立和强化品牌意识

日本天鹅面包坊和中国台湾地区喜憨儿社会福利基金会的成功经验显示，社会企业要持续生存发展，不能仅靠外部环境的资源输入，而是要发挥其能动性和创新性，提升自身的核心能力水平，增强外部环境对自身资源的依赖程度，这就要求社会企业树立强烈的品牌意识。目前，由于我国社会企业处于初创时期，其促进心智障碍者就业的行为更多地被视为一种“模仿”，产品缺乏必要的创新和创意。社会企业在创业初期由于自身资源不足，为了维持生存和发展要高度依赖外部环境资源，但我国社会企业的合法性不足，政府及社会对其认知度和接受度不高，这都潜在要求社会企业在创业之初就要高度重视和强化品牌意识。充分认识到品牌是一种可以吸纳更多资源的无形资源，是社会企业持续生存发展的重要法宝。因此，社会企业在注重塑造自身形象品牌的同时，更要立足于心智障碍者自身特征和消费者的差异化需求，发掘和培育人力和技术等有形资源进行产品创新和经营手段创新，同时也要立足理念宗旨推动组织文化建设，促使有形资源转化为无形资源和核心能力，最终打造和树立品牌形象。

（三）重视公益价值与商业价值的融合与延伸

社会企业是通过商业经营手段达成社会目的的，兼具了“公益性”和“商业性”两种目的，但最终目的是社会价值。由于社会普遍存在

“经济人”假设的固化思维，社会企业尤其是促进心智障碍者等弱势群体就业的社会企业在创业初期更易受到社会质疑，这就要求社会企业要高度重视公益价值与商业价值的融合。从日本天鹅面包坊和中国台湾地区喜憨儿社会福利基金会的成功经验来看，社会企业主要通过自身的组织与管理模式对公益性和商业性两个目标进行融合与平衡。此外，无论是日本天鹅面包坊还是中国台湾地区喜憨儿社会福利基金会，都通过连锁复制或契约加盟的形式来延伸公益价值和扩大市场规模，帮助更多心智障碍者实现就业。

第三节　社会企业促进心智障碍者就业的角色定位

从社会角色角度来看，社会企业本身就是一种角色，它之所以能够生成和发展，很大程度上因为其回应了一定的社会议题和承担了一定的社会角色期待。探讨社会企业在心智障碍者就业支持体系中的角色定位，实质上就是确定社会企业在这个体系当中应该发挥什么样的功能，以及理顺与其他参与主体之间关系的动态过程。从发生学角度来看，我国社会企业的雏形可以追溯到计划经济下的社会福利企业，脱胎于政府职能转变与经济体制改革，它是政府与市场在功能分化基础上的衔接和整合。从此意义上讲，对社会企业内涵的把握应该是功能上的社会性、手段上的经济性以及关系上的独立性，对社会企业在心智障碍者就业体系中的角色定位应该立足于其与政府和市场（企业）的互动关系之中。

一、就业促进主体的协同者

心智障碍者因其社会适应能力较差，多数难以进入劳动力市场实现就业。长期以来，我国并没有专门适用于心智障碍者的就业安置形式，更没有专门的政策法规对其就业权利给予充分保障。与普通残疾人一样，心智障碍者实现就业的方式主要是集中就业、按比例就业以及个体就业。2011年制定出台的《中国残疾人事业“十二五”发展纲要》明确了“促进智力和精神残疾人辅助性就业”的任务目标，2015年中国残联等八部委共同印发的《关于发展残疾人辅助性就业的意见》对开展辅助性就业工作进行了指导性部署，中国残疾人联合会、中国智力残疾人及亲友协会和国际劳工组织合作开展的支持性就业作为专门致力于解决心智障碍者就业的新形式进行扶持、探索和推广。这一系列由政府主导、多元主体参与的就业安置形式对推动心智障碍者尤其是普通残疾人的就业发挥了很好的保障作用，但由于残疾人就业促进责任主体中政府的公共性、企业的营利性以及社会组织的依赖性等特性使然，这些就业安置形式在实践中存在诸多不足。

社会企业作为心智障碍者就业支持体系中的责任主体之一，其主要使命是致力于心智障碍者就业问题的缓解，始终秉持以公益性为目的和以商业经营为手段的特性，使社会企业较之政府、企业、社会组织以及其他参与主体在推动心智障碍者就业方面有独特的比较优势，成为推动心智障碍者就业不可或缺的力量。具体来说，社会企业在就业项目开发设计和组织管理方面立足于心智障碍者的身心特征和特殊诉求，因人设岗，更加注重心智障碍者就业素养的提升，灵活性强，人性化程度较高；组织运作的可持续性较强，社会企业主要通过采取市场经营的方式获得利润，若运作良好还可以通过政府采购、遗产转接、募捐和社会捐赠等形式获得经费支持，在很大程度上保障了各项活动的顺利开展；社会企业在心智障碍者员工吸纳、产品或服务供给等方面具有本地化特征，易被社区居民吸纳和认可；社会企业具有较强的社会功能，较好的社会效应易产生口碑效应，较低的成本和价格使产品或服务更具市场竞争力。

在多元主体参与下的心智障碍者就业行动体系当中，政府拥有较大的资源优势和资源整合能力，毋庸置疑，应该发挥其主导作用，但其他主体也应从各自的比较优势出发，积极主动地参与行动。社会企业作为协同者，在政府做不好，企业不愿做，社会组织做不了的情况下交由社会企业承担，真正意义上实现了心智障碍者就业促进主体间的无缝衔接，对进一步提升心智障碍者就业数量和就业质量具有重要意义。

二、就业先进理念的倡导者

近年来，随着国际社会对心智障碍者身心特征认识的加深以及“正常化”理念的普及，虽然心智障碍者“去机构化”、回归社会的融合性就业的实践创新逐渐成为发展趋势，但是在传统型的庇护性就业理念指导下的就业安置形式并不能很好地迎合心智障碍者本人及其家人的生活需求、利益诉求乃至人权保障。社会企业本身作为一种新生的组织形式，在推动心智障碍者就业工作中直接瞄准心智障碍者开展需求识别和评估，做到因人设岗，并对产品或服务在采用市场化营销手段谋取可持续发展的同时，辅助心智障碍者实现个人发展和社会融合。这种就业理念与就业形式相较于传统的庇护性就业来说是先进的和发展的。

社会企业在参与心智障碍者就业的行动过程中，既是就业先进理念的践行者，也是先进就业理念的倡导者。社会企业向政府倡导先进的就业理念，有助于政府及时更新就业观念，创新就业促进和服务机制及其方式方法，建立完善的政策体系，及时克服行政主导下就业方式存在的困境与问题，提高经费及资源的利用绩效；向企业倡导先进的就业理念，可以间接加强企业对心智障碍者就业能力的再认识，逐步强化企业的社会责任感，积极开发适当的就业项目、产品和服务回应社会议题；向社会组织倡导先进的就业理念，社会组织可以积极借鉴社会企业的经营方式或探索创新运作方式，解决资金或资源制约瓶颈问题；向社会大众倡导先进的就业理念，改变心智障碍者家属的就业顾虑与消极态度，消解社会大众对心智障碍者的就业偏见和对其就业能力的质疑，获取社会信任与支持，推动建立一个包容性的就业环境，吸纳和动员包括心智障碍者家属在内的更多社会公众的积极参与和配合。

积极引导和鼓励社会企业的快速发展，主要原因在于社会企业明确的社会使命与独特的经营模式及营销策略，这与国际社会倡导的心智障碍者就业理念高度契合，并且它在实际践行中能够向政府、企业、社会组织以及社会大众积极倡导和宣传先进的就业理念，不仅为心智障碍者就业营造了良好的社会氛围，而且能够动员和凝聚全社会之力，推动心智障碍者就业工作的可持续发展。

三、政府购买服务的承接者

随着我国行政管理体制改革的不断深化和基本公共服务均等化的深入推进，作为一种全新的公共服务提供方式和供给理念，政府购买服务在顶层设计与实践活动中得到推广和应用。政府购买服务就是在公共服务提供中引入市场竞争机制，推动公共服务供给侧结构性改革，将政府做不好或做不到位的事项让渡给社会力量来完成。中共十八届五中全会明确提出:“创新公共服务提供方式，能由政府购买服务提供的，政府不再直接承办；能由政府和社会资本合作提供的，广泛吸引社会资本参与。”先后出台《国务院办公厅关于政府向社会力量购买服务的指导意见》和《政府购买服务管理办法（暂行）》等相关政策文件，2016 年 6 月国务院成立了政府购买服务改革领导小组以推动此项工作的顺利开展。

残疾人作为政府公共服务的重要对象，是特别需要得到帮助的弱势群体之一，他们的多元化、个性化需求更应得到高度关注和积极回应。在中国残联人相关部门的积极推动下，助残服务优先纳入政府购买服务范围，2014 年 4 月财政部等六部委联合出台《关于做好政府购买残疾人服务试点工作的意见》（财社〔2014〕13 号），这也是《国务院办公厅关于政府向社会力量购买服务的指导意见》（国办发〔2013〕96 号）颁布后出台的第一个试点文件，文件明确将“残疾人就业培训与岗位提供服务”列为政府采购服务项目。

心智障碍者作为弱势的残疾人特殊群体之一，仅就就业需求而言，与服务供给之间的矛盾更加突出。社会企业因其独有的特性和较之其他社会力量的比较优势，对补齐心智障碍者在就业方面的供需短板具有重要意义。然而，由于我国社会企业发展尚处于起步阶段，受合法性、公信力以及生成环境等限制，呈现一般规模较小、经济收益较低以及收益周期较长等特点，较之一般性商业企业更易发生资金短缺和资金链断裂等问题，尤其对服务于心智障碍者等弱势群体的社会企业来说，实现财务上的可持续发展将是极为漫长的过程，这就使社会企业在市场需求中更需要获得政府扶持和社会支持。

通过借鉴国际经验可以发现，政府向社会企业购买服务是政府扶持社会企业发展的通用手段。2015 年颁布实施的《中华人民共和国政府采购法实施条例》明确将“公共服务项目”列入政府采购范围，且发展和深化了《中华人民共和国政府采购法》中对“服务”条款的界定，实现了服务采购的有法可依。政府要抓紧研究制定社会企业认证标准及相关法规政策，并对已经开展的“政府购买残疾人服务试点”工作进行评估总结，进一步完善和细化政府购买残疾人服务指导性目录，并加快在全国范围内推广实施，在严格遵守采购程序和原则的前提下，优先考虑运作良好、信誉良好以及服务项目与采购内容相同或相近的社会企业参与承担，从而为其快速发展提供一个包容性的市场竞争和支持环境。

第四节　社会企业促进心智障碍者就业的路径优化

在推动心智障碍者就业促进与服务工作中，要充分发挥政府的主导作用，吸纳社会各方力量参与这一观点基本已成共识。社会企业因其明确的社会使命和独特的营销策略，较之于其他社会力量具有明显的比较优势，可以扮演心智障碍者就业先进理念的倡导者、就业促进主体的协同者以及政府购买服务的承担者等角色。虽然社会企业的某些特征在我国福利企业中有所体现，但是更全面意义上的社会企业其实是一个舶来品（沙勇，2013）。考察我国社会企业的生成路径，主要有公益性事业单位的企业化经营、社会组织的商业化运作、商业企业的社会创业、商业企业的社会责任承担以及个人创办社会企业五种，不同的生成路径，在一定程度上影响了其获取和整合资源的能力。结合前文看，由于心智障碍者的特殊性，相对于其他残疾群体服务领域的社会企业而言，目前心智障碍者就业类社会企业的生成路径比较单一，其在初创阶段行动过程中的合法性获取困境更加突出。为了充分发挥社会企业的比较优势，推动心智障碍者参与、融入和回归社会，本书认为，结合前文对社会企业创业和合法性获取面临困境的分析，可以着力从以下几个方面进行培育。

一、提升社会企业认知度，营造良好的社会氛围

中国有数量日渐庞大的心智障碍者群体，他们中相当一部分是具有就业意愿和一定就业能力的，为解决他们的可持续生计和推动其融入社会，采用社会企业运营方式是一种非常适当的选择。然而，目前这一问题并没有得到社会公众的广泛认识和充分理解，甚至连政策制定者乃至决策层也没有充分意识到，社会企业与心智障碍者较高的就业需求和就业意愿并不相适应。一方面，从生成路径来说，社会公众对在本土有一定发展的社会组织的非营利性认识尚不到位或存在误解，正是因为社会大众受传统观念的影响，所以对社会企业通常持有一种怀疑和顾虑态度，进而在社会企业实际行动过程中只是持有一种等待观望或消极抵触心理。另一方面，社会企业的潜在价值和功能并未充分发挥，且尚未得到认可。社会企业作为一种新兴组织形式，尚处于起步阶段，数量比较少且规模比较小，对其比较优势的探讨仅限于理论研究层面，虽然其在国外已经得到实践，但是否适合本土发展以及本土化的实际效果尚未得到充分证实，致使社会公众对其了解不多，所以很难对社会企业及其行动产生信

任和参与热情。

社会企业在推动心智障碍者就业领域的快速生成及可持续发展，有赖于社会公众在对社会企业认知、信任和支持参与的基础上打造一个包容性的社会文化环境，提升社会企业的社会关注度和社会认知度显得尤为重要。具体来说，可从以下几个方面入手：首先，要加强社会企业的宣传推广，选取本土优秀的心智障碍者就业类社会企业案例进行整理路演，并借助电视、广播、报纸和网络等媒介宣传报道，弘扬社会企业理念，以获得社会公众的认知和信任，并提供支持或参与；其次，要加强社会企业领域的学术交流、研究和培训，在对西方国家理论与实践经验总结的基础上，结合我国实际情况形成一批具有较高理论与实践价值的中国特色的研究成果，邀请政府相关部门或领导参与，加深政府对社会企业包容性治理功用的深层理解（高传胜，2015）；最后，社会企业要不断加强自身建设，优化完善组织内部治理结构，持续创新商业运营模式，树立品牌战略意识，通过塑造良好的品牌形象提升社会企业的公信力和竞争力。

二、培育社会企业家精神，完善教育培训体系

社会企业家精神的组织形式是多元化的，由于心智障碍者具有独特的身心特征，所以社会企业这种组织形式是最为适用的。然而，目前社会企业在我国还处于萌发阶段，社会公众对社会企业、社会企业家和社会企业家精神缺乏必要的认知和理解，培育社会企业家精神，打造优质的社会企业家人才队伍，充分调动其参与或创办社会企业的积极性就显得尤为重要。社会企业家是社会企业家精神的物质载体，社会企业家精

神是社会企业家的灵魂，社会企业家又是社会企业的领导核心（陈剑，2008）。西方发达国家已经初步建成一个融资本（金融、人力、知识、社会 / 政治资本等）与环境（政策和政治、媒体、经济和社会及其他相关条件）于一体的社会企业家精神生态系统（祖良荣、陆华良，2011），结合我国实际情况，我国社会企业家精神的培育迫切需要构建一套行之有效的，涵盖政府、社会、学校和个体自身"四位一体"的教育培训体系，具体可以从以下几个方面寻找突破口。

（一）营造社会企业家精神培育的良好制度环境

近年来，在中国社会企业联盟倡导和推动下，我国社会企业无论是在理论研究还是实践层面，都取得了长足发展。但细加审视不难发现，我国社会企业的发展目前是一个自下而上的过程，其合法性并未得到政府的认可，政府相关部门也并未出台实施任何政策法规，这导致我国社会企业的身份比较尴尬。社会企业作为彰显社会企业家精神的重要平台，当前最迫切的是对我国现行社会组织管理体制进行重新调整和完善，赋予社会企业明确的法律地位、健全完善覆盖社会企业整个生命周期的一系列法规条例以及扶持优惠性政策，为社会企业的良性发展提供制度保障。

（二）加强社会企业家精神教育培训和研究能力建设

有条件的高等院校和科研机构应鼓励成立社会企业或社会企业家精神方面的研究机构，承接和开展相关课题研究，并积极推动成果转化；教育主管部门在对高等院校和社会机构进行资质评估的基础上给予一定的经费和政策支持，鼓励开办设置相关专业或课程，培养一批社会企业家人才队伍；加强国际交流与合作，坚持"走出去"和"引进来"，遴选有兴趣、有潜质的相关人员通过交换生、留学或参观考察等多种形式到国外学习培训，邀请或引进国外相关领域专家学者到国内讲学或工作；加强理论研究和一线实务的互动与合作，通过培训和交流系统提升社会企业家的理论素养和理念熏陶，同时也为理论研究者提供案例素材，为我国社会企业家精神培育提供切实可行的政策建议或理论支撑。

（三）搭建社会企业家互动网络平台

由于社会企业家多活动在不同领域，服务于不同群体，他们之间较为分散和独立，因此应通过建立相关方面的行业协会、借助互联网络等打造互动网络平台，推动社会企业家之间以及社会企业家和社会组织管理人员、政府官员、企业家等主体之间的经验交流和分享、情感倾诉和支撑、思想碰撞和创新以及项目协调和合作，营造良好的社会关系氛围，促进社会企业家的成长和发展。

三、建立公益风险投资机制，破解创业融资困局

社会企业在中国的发展尚处于理念推广阶段，由于受合法性、公信力以及生成环境等诸多因素的限制，社会企业呈现整体规模偏小、社会效益周期较长等特点，增加了其在初创时期的融资难度。社会企业虽可以采用一般企业的融资方式，但受到诸多限制，如补贴融资的限定性与滞后性、债券融资和股权融资的难度系数较大等问题（辛传海，2011），融资渠道的有限性在一定程度上限制了我国社会企业的生成和发展。

公益风险投资（venture philanthropy）由商业风险投资演化而来，近

年来作为一种新型的公益创业资助模式而备受青睐。根据欧洲公益风险投资协会给出的定义，公益风险投资具有较高的参与度、长期资助、量身定制的资金支持、组织能力提升和治理结构优化以及绩效评估与管理等特点，这种高度互动的合作型伙伴关系使其与传统公益资助方式和商业风险投资区别开来。近年来，国内外在开展公益风险投资方面已有典型案例，如美国的罗伯兹企业发展基金、英特尔“芯世界”公益创新计划、恩派公益创投基金以及联想集团公益创投大赛等。这些成功经验充分证明，已有越来越多的人充分认识到公益风险投资能够为解决社会问题提供比较充足和量身定制的资金支持，能够有效提升“社会目标组织”的可持续发展能力和社会绩效（赵萌，2010）。公益风险投资的发展前景十分广阔，可以充分利用其优势和特点，将其作为社会企业的重要融资手段和有效途径。但目前我国公益风险投资的现实状况并不乐观，仍然受到较多因素的制约，如文化冲突、伙伴关系和绩效评估等问题（辛传海，2011）。鉴于此，为了有效破解社会企业在初创时期的融资困境，充分发挥公益风险投资的比较优势，除要不断加强社会企业自身组织能力的提升和组织结构的优化、培育社会企业家精神、提升社会企业家专业素养、营造良好的社会文化氛围、引导企业和社会公众认可和支持公益风险投资外，还要从以下几个方面进行政策考量：一是要尽快出台社会企业认证标准，严格社会企业的准入和退出机制，提升社会企业公信力；二是拓展和深化创业投资引导基金范围，设立政府公益风险投资引导基金，扶持公益风险投资组织建立和发展，吸纳更多的社会资金进入社会企业创业投资领域；三是成立公益风险投资评估机构，制定完善评估考核指标，及时对社会企业运作开展过程评估和结果评估。

四、加强社会企业“顶层设计”，健全政策法规体系

我国目前正处于经济社会急剧转型期，由于政府在基本公共服务供给方面的欠缺以及社会组织能力等现实原因，供给与需求之间存在不协调等问题，致使我国民生建设面临巨大困境。中共十八大报告明确指出，“要把保障和改善民生放在更加突出的位置，加强和创新社会管理；加强社会建设，必须以保障和改善民生为重点”，将保障和改善民生摆在前所未有的高度进行战略部署。“十三五”时期是全面建成小康社会的决胜阶段，“补短板，惠民生”是达成共享发展成果目标的重点工作，2016年政府工作报告也首次明确提出要“加强供给侧结构性改革”。社会企业作为一种创新型的组织形式，其明确的社会目的和独特的运营模式能够较好地克服供给不足和迎合社会需求，对解决民生问题具有重要意义。但这些优势发挥的首要前提条件是政府能够构建起一个较为完善的法律制度框架，为解决社会企业初创难题和保障良性运作营造一个良好的制度环境。然而，目前我国社会企业发展亟须补齐的短板是社会企业运作的合法性和正当性，“社会企业”这一概念尚未纳入官方话语体系，近几年虽然在民间人士推动下方兴未艾，但作为经济社会发展动力之一，如果没有政府的引导和支持显然后劲乏力。北欧、韩国以及我国香港、台湾等地区的社会企业之所以发展迅猛，在很大程度上得益于健全的政策法规体系。由此可见，发展我国社会企业，必须尽快加强顶层设计，立足当前、着眼长远、统筹部署，构建一套健全完善的社会企业政策法规体系。

首先，加快推进社会企业立法工作，明确其法律地位。社会企业是企业与非营利组织混合交织的产物，既有两者的部分特征，也有其独特

之处，需要对其边界进行识别和明确，并在此基础上研究制定《社会企业登记管理条例》，明确突出社会企业认证标准和法人地位，以此促进社会企业的公信力建设和保证其法律地位的独立性。

其次，健全完善社会企业配套政策建设，保障良性运行。这套体系主要包含社会企业的培育孵化、税收融资、信用担保、人才队伍建设、政府购买服务、行业管理与规范、宣传推广、监督评估与奖惩等方面，旨在为社会企业健康持续运作和发展营造良好的政策环境。

最后，做好相关政策法规的衔接与整合。社会企业的二元特性和多元化的组织形式决定了其政策法规体系构建将是一项涉及多元主体、跨部门合作的系统工程，因此不仅要做好政策法规间的有机衔接，还要在政策法规制定过程中充分听取和整合多方主体的利益诉求。

本章小结

本章在对我国残疾人就业促进与服务发展趋势进行分析与判断的基础上，借鉴社会企业促进心智障碍者就业的先进经验，对社会企业促进心智障碍者就业行动过程中面临的行为困境、社会企业的角色定位与培育路径进行了研究探讨。从宏观上说，在我国经济发展进入新常态、全面深化改革更加注重民生以及“大众创业、万众创新”的时代背景下，我国残疾人就业促进与服务工作势必迈向一个新的阶段，“以政府为主导，多元社会力量参与”下的残疾人就业行动框架体系也将进一步健全完善。从微观上说，作为残疾人群体中一个重要的特殊群体，心智障碍者的劳动就业需求将为社会大众认知、理解和接纳。社会企业作为一种更加适用于心智障碍者的就业形式，其不仅是在倡导一种先进的就业理念，更应该是多元行动主体中的重要参与者和政府购买服务的承担者。社会企业作为一种新型且行之有效的促进心智障碍者就业的组织形式，其潜在优势尚未得到充分发挥，社会大众尤其是政府对其缺乏足够的认识和了解，社会企业的培育与发展过程中受到极大制约，这不但要求社会企业不断加强自身专业素质和能力提升，而且需要政府及社会各界为其创造一个包容性环境，进而推动社会企业的培育生成及实现可持续发展。

第七章

结论与讨论

一、本书的基本结论

中华人民共和国成立尤其是改革开放以来，党和政府一直十分重视残疾人的劳动就业权益保护工作，不断探索行之有效的就业安置方式解决残疾人就业困境，先后制定出台了一系列政策法规制度对残疾人的劳动就业加以指导和规范，并取得了显著成效。目前，我国已初步形成了“政府主导，多元主体参与”下的残疾人就业促进与服务新格局。心智障碍者作为残疾人群体中的一个特殊群体，长期以来由于对其就业需求、意愿和就业能力存在认知偏向，他们的工作和就业问题并未得到充分关注，有关就业安置方式也具有面向普通残疾人的普适性特点，并未过多考虑残疾人群体的内部差异性。近年来，作为主要面向心智障碍者的辅助性就业和支持性就业两种就业安置方式，才在全国范围内加以推广。社会企业作为一种新兴的组织形式，同时作为上述两种心智障碍者就业安置方式的重要实现手段，理应是参与促进心智障碍者就业的重要力量。从日本及我国港台地区的经验来看，社会企业在参与促进心智障碍者就业方面取得了显著成果，我国其他地区也开始了探索。因此，基于我国现实情境，对社会企业促进心智障碍者就业的相关问题进行探讨具有重要的现实意义。

首先，心智障碍者就业促进与服务是一套系统的、综合性体系，现阶段面临诸多困境和挑战，主要表现为：就业转衔服务的迟滞性发展、就业促进政策的乏力与失衡、就业安置方式的适切性差、国家和社会及家庭的“三位一体”的主体性缺失。我国心智障碍者人口基数大，社会风险加剧致残可能。相关数据显示，我国心智障碍者以中轻度残疾为主，就业意愿强烈，近年来，在正常化、社会融合及共享发展的价值理念催生下，心智障碍者“去机构化”、回归社会的融合性就业逐渐成为发展趋势。社会企业作为社会使命与商业运作模式有机混合的组织形式，在实践上具有非营利性、民间性、经费来源“商业化运作”以及经营管理“民主性”等特点，使其与传统就业促进主体相比具有比较优势。

其次，社会企业创业既是促进心智障碍者就业的行为选择，也是风险性行为。社会企业创业行为的发生是创业者与其所在外部环境互动的结果，是在创业动力机制和创业能力机制的共同作用下完成的。目前，我国心智障碍者就业领域的社会企业主要是生存型创业，这是由于目前心智障碍者就业安置方式的适切性差而不得不探索的创新性行为。我国社会企业创业缺乏应有的制度和社会环境土壤，在创业驱动力中，外在环境中的推力因素发挥着主导作用。社会企业创业主要面临创业融资渠道单一、社会化不足、社会创新意识和能力缺乏、市场竞争力差以及政府扶持非常态化、社会支持网络脆弱等障碍，这不仅阻碍了社会企业的顺利成立和可持续发展，也弱化了社会企业创业者的创业热情。

再次，合法性资源获取对于社会企业促进心智障碍者就业的成功来说至关重要。本书结合案例分析，在社会企业与制度环境的互动过程中对社会企业获取规制合法性、规范合法性和认知合法性时的行为策略进行了分析和探讨，并研究和考察了社会企业获取合法性时面临的制约困境。从强制性来说，规制合法性最强，规范合法性次之，认知合法性较弱，但是三种合法性对于社会企业来说同等重要，缺一不可；从行为策略来说，由于社会企业在我国尚处于初创阶段，相关规制性制度建设尚不完善，社会企业通常采用妥协或变通的依从方式获取规制合法性。因此，相对而言，社会企业获取规范合法性和认知合法性的灵活度较大，规范合法性获取时的策略是适应与选择并重，认知合法性获取采用的是选择和创新策略。我国社会企业在合法性获取方面仍面临政府缺位和法规制度缺失、产品或服务创新性不足以及社会价值评价体系建设滞后等困境，这些制约困境使社会企业的合法化行动过程十分曲折。

最后，本书结合对社会企业促进心智障碍者就业行动过程中核心要素的研究和分析，并在对我国残疾人就业促进和服务趋势发展分析的大框架下，对多元主体参与促进心智障碍者就业体系中社会企业的角色功能定位和培育路径进行探讨。研究认为，我国残疾人就业促进和服务政策在供需方面呈现一些新的特点，在需求侧方面从重就业数量到重就业质量的转变和心智障碍者的就业问题日渐突出，在供给侧方面主要为政策供给的多元化，具体表现为政策目标上从生存保障到融合发展，政策结构上从普适到精准，政策主体上由以政府为主到政社合作，政策空间上从实体走向虚拟。社会企业在促进心智障碍者就业的行动过程中，不仅可以扮演就业促进主体的协同者、就业先进理念的倡导者、政府购买服务的承接者三种主要角色，还可以着手从提升社会企业认知度来营造良好的社会氛围；培育社会企业家精神，完善教育培训体系；建立公益风险投资机制，破解创业融资困局以及加强社会企业“顶层设计”；健全政策法规体系等优化社会企业培育路径。

二、创新与不足

（一）创新

从理论上说，推动心智障碍者就业是践行正常化理念的必然要求。从政策实践上看，社会企业参与促进心智障碍者就业是确保我国到2020年全面建成小康社会、实现人人平等共享经济社会发展成果的可行路径。长期以来，我国心智障碍者的支持照顾主体除了家长外，主要是各级残联设立的康复机构以及民间组织兴办的托养机构，然而这些机构的服务内容更多地聚焦于医疗康复和教育培训环节，恰恰在关乎其“正常化”的就业与养老服务方面严重缺位。但不可否认，我国心智障碍者就业行动体系在经济社会结构转型以及政府职能转变中将不断进行补充、重组和调适，最终达成多元主体共同参与推动下的行动框架。本书主要通过对社会企业的创业行为发生机制及合法性获取行为等进行研究，在理论发展与政策实践探索方面的创新主要体现在以下三个方面。

一是提供了研究心智障碍者就业问题的新视角。心智障碍者就业是多元主体参与下的综合性行动体系，从根本上讲这套体系是在多元主体交互作用下形成的网络关系中构建的。从资源依赖理论和多中心治理理论出发，对社会企业促进心智障碍者就业的行动逻辑进行分析，能很好地发现现阶段推动心智障碍者就业方面存在的政策创设和政策行动困境，从而更直观地发现社会企业的比较优势与价值，这对不断完善我国残疾人就业研究也是重要的突破。

二是提出了我国心智障碍者就业领域社会企业创业行为发生的“动力—能力”二元行动分析框架，其中“动力”的主要来源是“三力”，即创业压力、创业拉力和创业推力。从本质上说，社会企业创业行为的发生是社会创业者在与所处制度和社会环境的互动过程中完成的，这在社会企业的生成与发展机制研究方面实现了理论提升。

三是提出了社会企业促进心智障碍者就业的行为优化路径。本书从理论阐释到案例分析再到社会企业的一般情况，对其促进心智障碍者就业的行为情境、行动过程和行为优化等相关问题进行了深入研究与探讨，为政府有关部门及社会正确认识社会企业，更好地保障心智障碍者就业权益并制定相关法规政策提供了参考依据。

（二）不足

社会企业的就业促进作用虽然在国际社会上已经得到充分肯定，并且在国外已有大量实践，但学术研究明显滞后。在我国，“社会企业”这一概念尚未被纳入官方话语体系，其参与促进心智障碍者就业仍然属于前沿性课题，无论在实践层面还是在理论研究层面，都十分薄弱。受上述因素综合影响，本书的研究在参考借鉴及转换内化过程中仍然存在以下不足。

一是相关文献资料缺乏。就社会企业或心智障碍者就业研究而言，国内外学术研究都取得了一些初步成果，但国内对社会企业的研究才刚刚起步。从国外文献资料来看，这部分研究也较为零散，尚处于草创阶段，尚未形成较为系统的理论体系，尤其是这些研究是在对社会企业概念界定理解不一的情况下展开的，这给本书研究的文献支撑造成很大困难。

二是案例选取受限。虽然近几年我国社会企业在民间人士推动下蓬勃发展，实质性参与促进心智障碍者就业的社会企业也开始出现，但其数量有限且发展水平参差不齐，且社会企业尚未被纳入官方话语体系，社会企业身份的准入登记也尚未明确规定，致使部分社会企业在民政部门登记，部分在工商部门登记。这导致本书研究在案例选取上比较困难，且所选案例的代表性也有待商榷。

受上述条件限制，本书的研究更多的是探索性的，力图对我国社会企业发展及其参与促进心智障碍者就业的策略路径做出较为准确有效的呈现和判断，对后续研究有一定的参考和启发意义。

三、后续研究建议

本书以心智障碍者就业为切入点，以社会企业为研究主体，在对我国目前心智障碍者就业的现实困境及社会企业参与心智障碍者就业的比较优势进行分析的基础上，着重探讨了社会企业促进心智障碍者就业的行动过程、角色功能定位及优化路径。但在我国，由于社会企业还是一个新兴事物，对其促进心智障碍者就业的行动逻辑的研究还是较新领域，对其相关研究具有一定的难度。本书更多的是探索式的描述性研究，存在诸多局限性。

一是概念分析框架的构建路径。本书在对社会企业的创业机制和合法性获取进行研究时，多数在综合先前研究成果的基础上，提取相关概念的关键要素构建概念性分析框架，并借助框架初步描述社会企业创业机制和合法性获取的现实状况。创业和合法性的概念多是用于研究一般性企业或组织，虽然有研究表明企业或组织的分析架构和方法可以用于社会企业，但为了增强结论说服力，后续研究可以考虑通过扎根理论方法来建构分析框架。

二是社会企业促进心智障碍者就业的合法性策略研究。社会企业的合法性来源有内部合法性和外部合法性，本书选取的社会企业案例尚处于初创阶段，在内部合法性方面比较一致，因此本书着重分析了社会企业的外部合法性的获取问题。但随着我国社会企业的发展和成熟，社会企业在成长发展中可能面临内部合法性危机，因此在后续研究中要将内部合法性与外部合法性看成一个整体，对社会企业内部合法性的关键要素以及社会企业内部合法性与外部合法性互动关系等进行研究。

三是概念核心要素的互动关系研究。本书对社会企业创业机制和合法性的获取仅是试图做出一个全景式描述，并未对概念的关键要素的相互关系进行探讨。事实上，这些要素之间可能存在着相互关联和影响，后续的研究有必要通过跟踪研究和量性研究以补充更加翔实和更具解释性的研究成果。

参考文献

[1]陈向明.质的研究方法与社会科学研究[M].北京：教育科学出版社，2000：93.

[2]大山泰宏.我们为什么工作[M].郭琼宇，译.北京：中信出版社，2012：1.

[3]第二次全国残疾人抽样调查办公室，北京大学人口研究所.第二次全国残疾人抽样调查数据分析报告[M].北京：华夏出版社，2008：86–91.

[4]哈贝马斯.交往与进化[M].张博树，译.重庆：重庆出版社，1989：188–211.

[5]霍华德·格伦内斯特.英国社会政策论文集[M].北京：商务印书馆，2003：151.

[6]杰里米·里夫金.工作的终结：后市场社会的来临[M].王寅通，等译.上海：上海译文出版社，1998：278.

[7]李敬，程为敏.照顾的困境突围：心智障碍者及其家庭福利政策初探[M].北京：国防大学出版社，2012：9，70–97.

[8]罗伯特·K.殷.案例研究：设计与方法[M].周海涛，等译.重庆：重庆出版社，2004：7–10.

[9]马克思，恩格斯.共产党宣言[M].中央编译局，编译.北京：中央编译出版社，2005：46.

[10]马克斯·韦伯.经济与社会：上卷[M].林荣远，译.北京：商务印书馆，1997：238–241.

[11]迈克尔·波兰尼.自由的逻辑[M].冯银江，等译.长春：吉林人民出版社，2002：185–186，199.

[12]米塞斯.人的行为：上[M].夏道平，译.台北：远流出版事业股份有限公司，1991：53–57.

[13] 让 - 马克·夸克 . 合法性与政治 [M] . 佟心平，王远飞，译 . 北京：中央编译出版社，2002：32–33.
[14] 沙勇 . 中国社会企业研究 [M] . 北京：中央编译出版社，2013：2，307.
[15] 上海市残疾人联合会，华东师范大学学前教育与特殊教育学院 . 智障人士社会融合的理论与实践：上海市"智障人士阳光行动"报告 [M] . 上海：华东师范大学出版社，2007.
[16] 尚珂，梁土坤 . 新形势下的中国残疾人就业问题研究 [M] . 北京：中国劳动社会保障出版社，2011：153.
[17] T. 帕森斯 . 现代社会的结构与过程 [M] . 梁向阳，译 . 北京：光明日报出版社，1988：144–161.
[18] W. 理查德·斯科特 . 制度与组织：思想观念与物质利益：第 3 版 [M] . 姚伟，王黎芳，译 . 北京：中国人民大学出版社，2010：68.
[19] 王思斌 . 中国社会工作研究：第 2 辑 [M] . 北京：社会科学文献出版社，2004：197.
[20] 王世强 . 社会企业兴起的路径研究：两大部门的相互融合与结构差异 [M] . 北京：首都经济贸易大学出版社，2016.
[21] 文森特·奥斯特罗姆 . 美国联邦主义 [M] . 王建勋，译 . 上海：上海三联书店，2003：142–143.
[22] 乌尔里希·贝克 . 风险社会 [M] . 何博闻，译 . 南京：译林出版社，2004：19，45.
[23] 吴甘霖，邓小兰 . 有尊严的生活 [M] . 北京：新华出版社，2010.
[24] 奚从清，沈庚方 . 残疾人工作概论 [M] . 杭州：杭州大学出版社，1990：105.
[25] 严中华 . 社会创业 [M] . 北京：清华大学出版社，2008：4.
[26] 杨河清，郑宇硕 . 新世纪人力资源开发与就业 [M] . 北京：中国劳动社会保障出版社，2005：439.
[27] 俞可平 . 治理与善治 [M] . 北京：社会科学文献出版社，2000.
[28] 张宝林 . 中国残疾人事业理论与实践研究：人道卷 [M] . 北京：华夏出版

社，2007：114–115.
［29］郑功成．社会保障学：理念、制度、实践与思辨［M］．北京：商务印书馆，2000：295–296.
［30］崔斌，等．中国残疾人口致残原因分析［J］．人口与发展，2009（5）：53.
［31］陈剑．中国社会企业家初探［D］．南京：南京理工大学，2008.
［32］陈金贵．非营利组织社会企业化经营探讨［J］．新世纪智库论坛，2002（19）：39–51.
［33］陈新．第二次全国残疾人抽样调查数据［J］．中国生育健康杂志，2008（2）：68.
［34］陈乙南．美国智障人士社会安置研究［J］．长沙民政职业技术学院学报，2008（1）：34–37.
［35］陈颖．基于扎根理论的社会企业创业研究［J］．重庆科技学院学报（社会科学版），2014（6）：64–68.
［36］戴鑫．政治合法性与组织合法性理论比较研究［J］．北京理工大学学报，2010（6）：96–101.
［37］邓国胜．公共服务提供的组织形态及其选择［J］．中国行政管理，2009（9）：125–128.
［38］丁敏．社会企业商业模式创新研究［J］．科学·经济·社会，2010（1）：94–97，101.
［39］董怀杰，杜春盛．马克思主义政治合法性观之探析［J］．宁夏党校学报，2006（6）：13–16.
［40］董建辉．西方政治人类学60年的演进［J］．国外社会科学，2002（2）：8–12.
［41］冯帮，陈影．美国特殊教育就业转衔服务解读及启示［J］．中国特殊教育，2015（8）：9–16.
［42］付大伟．促进智力和精神残疾人辅助性就业的实践探索：以广州市康园工疗服务机构为例［J］．残疾人研究，2015（3）：23–27.
［43］高丙中．社会团体的合法性问题［J］．中国社会科学，2000（2）：100–109.
［44］高传胜．社会企业的包容性治理功用及其发挥条件探讨［J］．中国行政管理，

2015（3）：66–70.
［45］高传胜. 社会企业与中国老龄服务供给［J］. 社会科学研究，2015（3）：115–120.
［46］官有恒，杜承嵘. 台湾非营利部门自 1950 年代迄今的发展特质、转型与挑战［J］. 社区发展季刊，2011（133）：65–80.
［47］郝玉青. 再论苏共执政合法性意识缺失的政治后果［J］. 俄罗斯研究，2008（1）：70–77.
［48］贺雪峰. 公私观念与中国农民的双层认同：试论中国传统社会农民的行动逻辑［J］. 天津社会科学，2006（1）：56–60.
［49］李江远. 公共政策执行行为的需求、动机、行为“三理论”分析［J］. 实事求是，2011（6）：57–58.
［50］李荣时. 中国 1987 年残疾人抽样调查概要［J］. 人口研究，1988（3）：24–26.
［51］李衍儒，江明修. 社会企业之发展经验与政策建议：以美国、英国、中国香港与中国台湾为例［J］. 中国非营利评论，2011（1）：94–114.
［52］廖娟. 残疾人就业政策效果评估：来自 CHIP 数据的经验证据［J］. 人口与经济，2015（2）：68–77.
［53］林岱蓉. 工作整合型社会企业的社会资本应用：财团法人喜憨儿社会福利基金会［D］. 台北：政治大学，2012.
［54］林静新，谷阳春，林一帆. 广州市智障人士支持性就业实践及政策援助诉求［J］. 改革与战略，2013（8）：117–120.
［55］林莉红. 民间组织合法性问题的法律学解析：以民间法律援助组织为视角［J］. 中国法学，2006（1）：37–46.
［56］刘美玉，陈晓红. 创业路径的理论模型：基于新生代农民工创业者的多案例研究［J］. 财经问题研究，2015（3）：96–103.
［57］刘敏. 社会资本与多元化贫困治理：基于广州市 F 街的研究［D］. 广州：中山大学，2009.

[58] 刘素华 . 就业质量：概念、内容及其对就业数量的影响［J］. 人口与计划生育，2005（7）：29–31.
[59] 刘小霞 . 社会企业研究述评［J］. 华东理工大学学报（社会科学版），2012（3）：9–22，56.
[60] 刘耀斌，李娟文 . 从城市化与现代化的关系探讨中国城市化道路［J］. 现代城市研究，2002（4）：12–14，19.
[61] 卢天庆 . 上海市智障人士就业问题研究［D］. 上海：华东师范大学，2008.
[62] 吕洪良 . 电子商务兴起与残疾人就业模式创新［J］. 商场现代化，2010（17）：83–84.
[63] 马超英 . 探索残疾人安置就业新格局：我国社会福利企业生存与发展趋势［J］. 中国民政，2009（5）：32–33.
[64] 莫明 . 对残疾人两种就业方式的思考［J］. 中国残疾人，1995（10）：10–11.
[65] 木志荣 . 国外创业研究综述及分析［J］. 中国经济问题，2007（6）：53–62.
[66] 彭海燕 . 长沙市智障人士就业支持研究［D］. 长沙：湖南师范大学，2013.
[67] 钱惠英 . 当代西方“社会企业家精神”理论综述［J］. 现代企业，2013（3）：67–70.
[68] 秦亚青 . 行动的逻辑：西方国际关系理论“知识转向”的意义［J］. 中国社会科学，2013（12）：181–198，208.
[69] 卿石松 . 残疾人就业促进与反歧视措施研究［J］. 石家庄经济学院学报，2008（4）：91–93.
[70] 上海市残疾人劳动服务中心，上海社会科学院信息研究所联合课题组 . 上海市残疾人就业岗位调查报告［J］. 社会观察，2007（8）：9–12.
[71] 时立荣 . 从非正规就业组织到社会企业［J］. 理论学刊，2005（9）：42–44.
[72] 宋伟，徐胡昇 . 社会创新的公共使命与社会企业的发展［J］. 公共管理与政策评论，2015（1）：14–25.
[73] 孙凯 . 轻度智障青年的支持性就业服务研究：以南京市 NX 阳光家园服务中

心为例［D］. 南京：南京大学，2016.

［74］孙柳苑，刘瑛. 社会企业与多元化就业［J］. 科技创业月刊，2009（4）：122–123.

［75］唐钧. 非营利组织与残疾人社会服务体系的建构［J］. 教学与研究，2012（8）：21–26.

［76］唐钧. 社会政策的基本目标：从克服贫困到消除社会排斥［J］. 江苏社会科学，2002（3）：41–47.

［77］王迪. 中国环保 NGO 政策参与的行动逻辑研究［D］. 兰州：兰州大学，2016.

［78］王宁. 个案研究的代表性问题与抽样逻辑［J］. 甘肃社会科学，2007（5）：1–4.

［79］王身余. 从“影响”、“参与”到“共同治理”：利益相关者理论发展的历史跨越及其启示［J］. 湘潭大学学报（哲学社会科学版），2008（6）：28–35.

［80］王世强. 社会企业的官方定义及其认定标准［J］. 社团管理研究，2012（6）：38–41.

［81］汪蔚兰，昝飞. 美国的智障人士支持性就业［J］. 社会福利，2010（5）：26–27.

［82］吴佳霖. 社会企业促进社会融合之初探：以经济弱势妇女为例［D］. 南投县：暨南国际大学，2012.

［83］吴筱雅. 美国智障人士就业经验介绍［J］. 社科纵横（新理论版），2010（1）：325.

［84］吴宜亭. 论心智障碍者之强制治疗和权利保障：以国际人权法下之自主原则为核心［D］. 新竹：清华大学科技法律研究所，2010.

［85］肖昕茹. 上海市残疾人社会空间研究［D］. 上海：华东师范大学，2010.

［86］谢海定. 中国民间组织的合法性困境［J］. 法学研究，2004（2）：17–34.

［87］谢正富. 不出事出大事：基层治理行动逻辑研究［D］. 武汉：华中师范大

学，2013.
[88] 辛传海 . 公益风险投资：社会企业融资的有效途径 [J]. 中央财经大学学报，2011（12）：47–52.
[89] 徐君 . 社会创业的界定维度及生成和发展机制 [J] . 行政论坛，2013（5）：83–86.
[90] 徐君 . 社会企业组织形式的多元化安排：美国的实践及启示 [J] . 中国行政管理，2012（10）：91–94.
[91] 徐琳 . 残疾人就业难与残疾人就业促进政策的完善 [J] . 西北大学学报（哲学社会科学版），2010（1）：116–120.
[92] 徐素琼，刘嘉 . 重度智障人士支持性就业个案研究 [J] . 残疾人研究，2011（8）：34–35.
[93] 杨河清，刘丽玲 . 社会企业：一条促进就业的新途径 [J] . 科技创业月刊，2009（11）：58–59.
[94] 杨金转 . 支持性就业：精神残疾人就业的新模式 [J] . 科技信息（科学教研），2008（18）：7–8，10.
[95] 杨立雄 . 中国残疾人社会政策范式变迁 [J] . 湖北社会科学，2014（11）：42–47.
[96] 杨伟国，代懋 . 中国残疾人就业政策的结构与扩展 [J] . 学海，2007（4）：48–55.
[97] 俞可平 . 中国公民社会：概念、分类与制度环境 [J] . 中国社会科学，2006（1）：109–122，207–208.
[98] 余向东 . 论我国残疾人社会保障的体系性缺失及其建构 [J] . 人口与发展，2011（5）：41–48.
[99] 余晓敏，等 . 国际比较视野下的中国社会企业 [J] . 经济社会体制比较，2011（1）：158–162.
[100] 岳天明 . 政治合法性思想的历史考察 [J] . 学习与实践，2009（5）：114–120.

[101]曾凡林. 上海市成年智障人士家庭需求调查[J]. 中国特殊教育,2006(9):21-25.

[102]祖良荣，陆华良. 社会企业家精神：一个管理学研究前沿[J]. 南京财经大学学报，2011(4)：32-41.

[103]张国庆. 国际劳工局关于体面工作的概念及其量化指标[N]. 中国劳动保障报，2003-09-02.

[104]张丽宏. 中国大陆成年智障人士社区化服务的探索与反思：以慧灵 12 年的实践为视点[D]. 西安：西北大学，2012.

[105]张曙. 对残疾人社会保障问题的思考[J]. 南京理工大学学报（哲学社会科学版），1996(6)：86-88.

[106]赵萌. 慈善金融：欧美公益风险投资的含义、历史与现状[J]. 经济社会体制比较，2010(4)：117-127.

[107]郑功成. 残疾人社会保障：现状及发展思路[J]. 中国人民大学学报，2008(1)：2-9.

[108]郑功成. 中国社会福利的现状与发展取向[J]. 中国人民大学学报，2013(2)：2-10.

[109]郑胜分. 社会企业的概念分析[J]. 政策研究学报，2007(8)：66-67.

[110]朱仁宏. 创业研究前沿理论探讨：定义、概念框架与研究边界[J]. 管理科学，2004(4)：71-77.

[111]ADELLE RENZAGLIA，MEAGAN KARVONEN，ERIK DRASGOW，et al. Promoting a life time of inclusion[J]. Focus on autism and other developmental disabilities，2003，18(3)：140-141.

[112]AHJ HELMSING. Conditions for social entrepreneurship[J]. International journal of social quality，2015，5(1)：51-66.

[113]ALAN FOWLER. Ngdos as a moment in history：beyond aid to social entrepreneurship or civic innovation?[J].Third world quarterly，2000，21(4)：637-654.

[114] ALTERSK.Case studies in social enterprise: counterpart international' s experience [M] .Wash-ington, DC: counterpart International, 2002: 1-53.
[115] ÁlVARO CUERVO, DOMINGO RIBEIRO, SALVADOR ROIG.Entrepreneurship: concepts, theory and perspective [M] . Berlin: Springer, 2007: 171-184.
[116] CARLO BORZAGA, GACQUES DEFOURNY. The emergence of social enterprise [M] . London: Routledge, 2001: 1-28.
[117] CHEN JIANHUA, SIMENONSSON R J. Prevention of childhood disability in the People' s Republic of China [J] . Child Care Health, 1993 (19): 71-88.
[118] KATE COONEY. The business of job creation: an examination of the social enterprise approach to workforce development [J] . Journal of poverty, 2011, 15 (1) .
[119] COONEY K, SHANKS T R W. New approaches to old problems: market-based strategies for poverty alleviation [J] . Social service review, 2010, 84 (1): 40.
[120] C JENARO, D MANK, J BOTTOMLEY, et al. Supported employment in the international context: an analysis of processes and outcomes [J] . Journal of vocational rehabilitation, 2002, 17(1): 6.
[121] DARINKA CZISCHKE, VINCENT GRUIS, DAVID MULLINS. Conceptualising social enterprise in housing organisations [J] . Housing studies, 2012, 27 (4) .
[122] DEFOUNMY J, NYSSENS M. Defining social enterprise.in social enterprise: at the crossroads of market, Public policies and civil society [M] . London: Routledge, 2006: 3-26.
[123] DENNIS RYOUNG. Organizational identity in nonprofit organizations: Strategic and structural implications [J] . Nonprofit management and leadership, 2001, 12 (2) .
[124] DTI. Social enterprise: a strategy for success [M] . London: Department of trade and industry, 2002: 13.

[125] EISENHARDT K M. Building theories from case study research [J] .Academy of management review, 1989, 14 (4) : 532–550.

[126] ELAINE EKATZ. Social enterprise businesses: a strategy forcreating good jobs for people with disabilities[J]. Journal of vocational rehabilitation, 2014, 40(2) : 137–138.

[127] GALERAG. Social enterprises and the integration of disadvantaged workers. in the economics of social responsibility: the world of social enterprises [M] . Routlegde, 2010: 105–122.

[128] GARY R, BOND. Supported employment: evidence for an evidence–based practice [J] . Psychiatric rehabilitation journal, 2004, 27 (4): 346.

[129] JANELLE A KERLIN. A comparative analysis of the global emergence of social enterprise [J] . International journal of voluntary and nonprofit organizations, 2010, 26 (2): 164.

[130] JANELLE A KERLIN. Social enterprise: a global comparison [M] . Lebanon: University press of New England, 2009.

[131] JANELLE A KERLIN. Social enterprise in the United States and abroad: learning from our differences [J] . In research on social entrepreneurship: understanding and contributing to an emerging field. Indianapolis: ARNOVA, 2006 (3): 105–125.

[132] JANELLE A KERLIN. Social enterprise in the United States and Europe: learning from our differences [J] .International journal of voluntary and nonprofit organizations, 2006, 17(3): 259.

[133] JAY WEERAWARDENA, GILIAN SULLIVAN MORT. Investigating social entrepreneurship: amultidimensional model [J] . Journal of world business, 2005, 41 (1) .

[134] JEFFREY PREFFER, GERALD R SALANCIK. The external control of organizations: a resource dependence perspective [M] . New York: Harper &

row, 1978: 1-2.

[135] JEREMY C SHORT, TODD W MOSS, ETC. Research in social entrepreneurship: past contributions and future opportunities [J] . Strategic entrepreneurship journal, 2009, 3 (2): 161-194.

[136] JESSIE KOENA, UTE-CHRISTINE KLEHEB, ANNELIES E M VAN VIANENA. Employability among the long-term unemployed: a futile quest or worth the effort? [J] . Journal of vocational behavior, 2013, 82 (1): 37.

[137] J GREGORY DEES. Enterprising nonprofits [J] . Harvard business review, 1998, 76 (1): 55-67.

[138] JITENDRA V SINGH, DAVID J TUCKER, ROBERT J HOUSE. Organizational legitimacy and the liability of newness [J] . Administrative science quarterly, 1986, 31 (2): 171-193.

[139] J J MCDONNELL, M L HARDMAN. An introduction to persons with severe disabilities: Educational and social issues [M] . Boston: Allyn and Bacon, Inc, 1995.

[140] JOHN DOWLING, JEFFREY PFEFFER. Organizational legitimacy: social values and organizational behavior[J]. Pacific sociological review, 1975, 18(1): 122-136.

[141] JON VAN TIL. Growing civil society: from nonprofit sector to third space [M] . Bloomington: Indiana University Press, 2000: 13.

[142] LAURIE E POWERS, JO-ANN SOWERS. A cross-disability analysis of person-directed, long-term services [J] . Journal of Disability Policy Studies, 2006, 17(2): 67.

[143] LAWRENCE O GOSTIN. International human rights law and mental disability [R] . Hastings center report, 2004: 11-12.

[144] MARIA L GRANADOS, ETC. Social enterprise and social entrepreneurship research and theory: a bibliometric analysis from 1991 to 2010 [J] . Social

enterprise journal, 2011, 7 (3), 198–218.

[145] MARK C SUCHMAN. Managing legitimacy: strategic and institutional approaches [J] . The academy of management review, 1995, 20 (3): 571–611.

[146] MONICA ZIMMERMAN, GERALD JZEITZ. Beyond survival: achieving new venture growth by building legitimacy [J] . The academy of management eview, 2002, 27(3): 414– 431.

[147] DACIN M T, DACIN P A, TRACEY P. Social entrepreneurship: a critique and future directions [J] . Organization science, 2011, 22 (5): 1203–1213.

[148] PHILIP BURGE, H OUELLETTE–KUNTZ, ROSEMARY LYSAGHT.Public views on employment of people with intellecttual disabilities [J] . Journal of vocational rehabilitation, 2007, 26 (1): 29.

[149] RADHIAHTUL AKMAL RAZALI, AHMAD FAIZAL SHAMSUDDIN, et al. Inhalant dependence: is There a role of achieving abstinent through supported employment? a case report [J] . Asean journal of psychiatry, 2015, 16(2): 34.

[150] RAYMOND DART. The legitimacy of social enterprise [J] . Nonprofit management and leadership, 2004, 14 (4) .

[151] RICHARD V BURKHAUSER, MARY C DALY. Policy watch: U.S. disability policy in a changing environment [J] . Journal of economic perspective, 2002, 16 (1): 219.

[152] ROGER SPEAR, ERIC BIDET. Social enterprise for work integration in 12 european countries: a descriptive analysis [J] . Annals of public & cooperative economics, 2005, 76 (2): 201–204.

[153] RONIT YITSHAKI, MIRI LERNER, MOSHE SHARIR. What are social ventures? Toward a theoretical framework and empirical examination of successful social ventures [M] . Cheltenlam: Edward elgar, 2008: 217–241.

[154] RORY RIDDEY–DUFF, MIKE BULL. Understanding social enterprise: theory and practice [M] . London: SAGE publications ltd, 2011.

[155] ROSEMAARY LYSAGHT, JAN ŠIŠKA, OLIVER KOENIG. International employment statistics for people with intellectual disability: the case for common metrics [J] . Journal of policy and practice in intellectual disabilities, 2015, 12 (2): 112.

[156] SARAH FOTHERINGHAM, CHAD SAUNDERS. Social enterprise as poverty reducing strategy for women [J] . Social enterprise journal, 2014, 10 (3): 182.

[157] SCOTT A.SHANE. Who is publishing the entrepreneurship research? [J] . Journal of management, 1997, 23 (1): 83–95.

[158] JEREMY C SHORT, TODD W MOSS, G TOM LUMPKIN. Research in social entrepreneurship: past contributions and future opportunities [J] .Strategic entrepreneurship, 2009, 3 (2): 161–194.

[159] SUSAN FOLKMSN. Personal control and stress and coping processes a theoretical analysis [J] . Journal of personality and social psychology, 1984, 46 (4): 839–852.

[160] SIMON TEASDALESUPA. How can social enterprise address disadvantage? Evidence from an inner city community [J] . Journal of nonprofit and public sector marketing, 2010, 22 (2): 89–107.

[161] The COMMISSION ON GLOBAL GOVERNANCE. Our global neighbourhood [R]. Oxford university press, 1995: 4.

[162] THEODORE H SILBERT. Financing and factoring accounts receivable [J] . Harvard business review, 1952, 30 (1): 47.

[163] T–H HSU, J OSOSKIE, Y–T Huang. Challenges in transition from sheltered workshop to competitive employment: perspectives of Taiwan social enterprise transition specialists [J] . The journal of rehabilitation, 2009, 75 (4): 19–26.

[164] WHO. Prevention of mental disorders: effective interventions and policy options [R] . Geneva: WHO, 2004.

[165] WILLIAM B, GARTNER. What are we talking about when we talk about

entrepreneurship? [J] . Journal of business venturing, 1990, 5 (1): 15–28.

[166] YOON–DOO KIM, SEOK YOON, HEON–GOO KIM.An economic perspective and policy implication for social enterprise [J] . American journal of applied sciences, 2014, 11 (3): 406–413.

重要术语索引表